Für
Felix und *Piet*
Anna
und meine
Sternenkinder

Susanne
Kluge-Paustian

Dance, like nobody is watching

Selbstbewusst
und gesund durchs
Leben tanzen

Inhalt

9 Wie du mit diesem Buch am besten tanzt – in deinem Rhythmus
11 Tanzen ist *Genießen*
12 Die *fünf Schlüssel* zu Flow und Genuss

19 Was Tanzen mit unserem Körper macht
20 *Kraftquelle* und *Entspannung*
25 Tanz der *Hormone*
30 Tanzen ist *Medizin*
32 Gesundheitliche Rundum-*Altersvorsorge*
38 Tanz durch die *Wechseljahre*

39 Tanzen mit Seele & Psyche
40 *Lebensfreude* pur
42 Tanzen fängt *ganz unten* an
47 Tanz dir *Sicherheit!*
50 *Keine Angst* vor Fehlern
53 „*Vertanzen*" ist das beste Training fürs Leben
55 Die Scham, *sich zu zeigen*
56 Tanzen, als ob *keine:r zuschaut*
62 Tanzen ist *sexy*
66 Tanzen und *Erotik*
71 Tanzen aktiviert *Selbstheilungskräfte* und stärkt die *Weiblichkeit*
76 Tanz mit deiner Stimme: *Sounding*
78 *Führen* und *Führenlassen*
82 Seelisches und körperliches *Wachstum*
88 Tanzen ist *Berührung*
89 *Du mit dir* – die Basis

- 91 *Kontaktscheu* überwinden
- 95 Tanzen auf einer *Wellenlänge*

97 Tanzpraxis – die ideale Tanzart finden
- 98 Welcher *Tanzstil* passt zu mir?
- 102 Die wichtigsten *Tanzarten solo* oder *in Gruppen*
- 108 *Tanzarten für Paare*

117 Tanzpraxis – einfach loslegen
- 118 Tanzen *mit und ohne Partner:in*
- 122 Kurse, Sessions, Classes & Co. – wie finde ich die passenden *Angebote*?
- 123 Die Wahl des/der *Trainer:in*
- 124 Tipps zu *Anstrengung und Entspannung*
- 126 *Tanzschuhe und Outfit*
- 129 Die passende *Musik*

131 Endlich: Dance, like nobody is watching
- 132 *Get moving!*
- 132 *Selbstüberlistungsstrategie* in drei Schritten
- 133 *Notfall-Dranbleib-Tipps*

135 Dein Tanz durchs Leben

- 138 Alle Übungen im Überblick
- 139 Stichwortverzeichnis
- 140 Dank
- 141 Allgemeine Links
- 142 Quellen
- 144 Impressum

Hallo, du wundervolle Frau, wer auch immer du bist, wo auch immer du gerade stehst.

Hast du Lust, mit mir zu tanzen? So, als ob niemand zuschauen würde. Aus dem tiefen Bedürfnis heraus, dich im Rhythmus der Musik zu bewegen, zu schütteln, zu wiegen, zu tanzen. Frei, wild und wunderschön. Pures DU. Leicht und voller Lebensfreude. Dann komm mit. Einfach so, wie du bist.

Ich zeig dir, wie es gehen kann.
Dance, like nobody is watching. Genau.

Jede und jeder kann tanzen. Du musst es nicht lernen. Du kannst es schon. Jaa! Tanzen, nicht denken. Theoretisch ist dir klar: Tanzen beginnt im Herzen, nicht im Kopf. Tanzen ist viiiiiel mehr als eine Abfolge von richtigen Schritten, korrekter Technik. Nur: Wie? Willst du das erleben? Lass uns zusammen tanzen!

Dieses Buch soll dich wegbringen von Leistungsdruck und Selbstoptimierungszwang, von richtig oder falsch, von Kritik und Erwartungen. Hin zum lustvollen, leichten und freien Tanzen und Sein. Mit allen Sinnen. Dein Sinn-liches Tanzen entdecken. Dein Strahlen und Leuchten. Das ist mein Ziel.

Du kannst auf dieser Reise tieferen Frieden schließen mit deinem Körper. Ihn annehmen und lieben, wie er ist. Deine Weiblichkeit stärker ausleben. In Führung gehen oder dich führen lassen. Tanzen kann dein Leben verändern. Das spürst du auf dem Dancefloor und im Alltag.

Tanzen macht glücklich. Und gesund.
Es ist Anti-Aging auf dem Parkett.

Ich möchte dich mit dem Buch inspirieren, bestärken und ermutigen, einfach loszutanzen. Dich und deine Lebensfreude beim und durchs Tanzen neu zu entdecken. In deinem eigenen Rhythmus. Als Mensch, als

Tänzer:in. Dir, deinem Körper und deiner Seele Raum zu geben. Dich auszudrücken. Selbstsicher und selbstbewusst. Dancing! Yes. Egal, wer zuschaut.

Ich für mich liebe es einfach, zu tanzen. Ich kann nicht anders. Es ist mein Element. Mein Elixier. Mein Ausdruck. Diese Energie, diese Lebendigkeit und das, was Tanzen mir gibt und schenkt, möchte ich an dich weitergeben. Dir schenken. Wenn du es erlaubst.

**Jetzt lade ich dich ein:
Tanz mit dir! Und mit mir.**

Durch dieses Buch und neu durch dein Leben. Wer weiß, was alles in dir schlummert, was du durch dein Tanzen noch in dir entdeckst.

Machst Du mit? Hast Du Lust darauf? Dann lass uns loslegen!

Ich freu mich, mit dir zu tanzen.

Herzlichst

Susanne

Wie du mit diesem Buch am besten tanzt – in deinem Rhythmus

Hast du manchmal Lust auf einen kurzen, wilden Tanz? Einfach Dampf ablassen? Ein anderes Mal willst du lieber einen langen, ruhigen Tanz. Oder eine intensive, tiefer gehende Tanzsession mit viel Input und Auspowern. Ich finde: Die Mischung macht's.

Genau so kannst du auch dieses Buch lesen, mit ihm tanzen: in deinem Tempo. Nach deinem Gefühl. So, wie du es brauchst. In kleinen Schritten. Oder großen Sprüngen. Du kannst es kreuz- und querlesen. Oder chronologisch.

Lies und tanz es für dich, mit Sidesteps, Drehungen, Wiederholungen – was auch immer du magst. Feel free. Das Buch bietet dir Dance Facts für Gesundheit und Wohlbefinden. Du bekommst Inspiration und Infos, wie du deinen ganz individuellen Tanz findest und dich dabei selbst besser wahrnehmen und weiterentwickeln kannst. Ich gebe dir biografische Einblicke in meine persönliche Tanzgeschichte. Und ich lade dich zu einfachen Übungen ein, die Lust aufs Tanzen machen. Du kannst Tanzen ausprobieren und erleben, befreit zu tanzen. Folge einfach deinem eigenen Rhythmus!

- Tanzinfos und Tipps in Kästen
- Biografie-Einblicke in mein Tanzleben.
- Praktische Übungen zum Ausprobieren und Reinschnuppern. Für deine Lust am Tanzen.
- Auch zum Download, schau auf S. 139.

Tanzen ist Genießen

Es ist ein Phänomen: Jedes Mal danach ist es da. Eine Stunde Tanzen ist vorbei. Ich will duschen gehen, gucke in den Spiegel und sehe – was? Ein Lächeln. Eher ein Strahlen. Ein total entspanntes, glückliches Gesicht. So schön wie nach einer erfüllten Liebesnacht. Ich bin klarer als vorher, voller Energie, angenehm ruhig und zentriert. Fröhlich und gut drauf. Einfach entspannt. Richtig relaxt. Und habe beobachtet: Das passiert sogar dann, wenn ich nur eine kurze Pause bei der Arbeit mache und ein Lied tanze, einfach drauf los, im Homeoffice – oder morgens im Bad, weil gerade so ein cooler Song im Radio läuft.

Vielleicht denkst du jetzt: „Hört sich gut an. Hätte ich auch gerne. Aber bei mir klappt das nicht. Nicht mehr oder es hat noch nie. Ich bin nicht so spontan und frei. Schon gar nicht, wenn andere gucken. Außerdem hab ich zwei linke Füße, mich stressen die Schritte. Ich will eigentlich nur tanzen und mich dabei gut fühlen, bekomm das aber nicht hin." Weißt du was? Ich verstehe das. Ich kenne diese Gedanken. Und ich zeige dir, wie du diese Situation verwandeln kannst. Es lohnt sich sowas von!

Denn Tanzen ist eine Quelle für Lebensfreude. Für Gesundheit und Vitalität. Beim Tanzen vollbringt dein Gehirn eine Höchstleistung, die dich jung hält. Es trainiert deine Knochen und Muskeln, Herz und Nerven, ja, es beugt sogar Demenz und Infarkten vor. Deine Glückshormone fangen an zu sprudeln. Du bekommst neues Selbstbewusstsein, mehr Sicherheit und Weiblichkeit sowie dieses unbändige Freiheitsgefühl. Und das alles ohne harte Arbeit, sondern durch Genuss!

Hast du darauf Lust? Ok. Dann geh los! Tanz los. Nur so kannst du auch ankommen. Wie das geht mit dem Losgehen und Lostanzen und wieso, weshalb, warum, das findest du alles in diesem Buch. Folge mir einfach. Mach nur den ersten Schritt. Dabei helfen dir die folgenden fünf Schlüssel. Durch sie kommst du so richtig in den Flow und ins Genießen. Frei von anderen. Mit dir allein, mit deinem persönlichen Tanzen!

Auf der nächsten Seite findest du die fünf Schlüssel.

Die fünf Schlüssel zu Flow und Genuss

1. Du entscheidest dich für Freude an der Bewegung. Das ändert alles.
   ....
2. Du tust es. Tanzen. Du vertraust deinem Körper. Er zeigt dir den Weg.
   ....
3. Du weißt, warum du tanzt. Mit klarer Haltung.
   ....
4. Du schließt Frieden mit der Angst, dass alle gucken. Dich beim Tanzen zu blamieren, doof auszusehen, peinlich zu sein – plötzlich egal.
   ....
5. Denkst du noch oder tanzt du schon?

1. SCHLÜSSEL: Du entscheidest dich für Freude an der Bewegung. Das ändert alles.

Das ist DER Schlüssel zu Flow und Genuss. Der erste und wichtigste. Das ändert alles. Es ist die Basis: deine Freude. Wenn und dass du dich bewegst, das liebt dein Körper. Das bringt Genuss am Tanzen. Und Flow. Dann entstehen Lebensfreude, Leichtigkeit und Leuchten. In dir, deinen Augen und im Gesicht. Das Lachen. Das Sich-lebendig-Fühlen. Und alles andere Gute, was ich in den folgenden Kapiteln erklären werde, was mit Tanzen zusammenhängt.

Das Faszinierende dabei: Diese Freude an der Bewegung kommt beim Tanzen ganz automatisch. Wie von selbst. Das können wir weder verhindern noch uns vornehmen. Es ist einfach eine Entscheidung: Tanzen. Ja. Und du kannst sicher sein: Die Freude ist inklusive. Der Schlüssel zum Genuss am Tanzen ist nicht deine Leistung! Auf gar keinen Fall.

WIE ES BEI MIR WAR

Seit ich vor 20 Jahren meine Ausbildung zur NIA-Teacherin absolviert habe, habe ich die Freude am Tanzen nochmal neu begriffen. Mir wurde und wird immer klarer, wie dieser Schlüssel funktioniert. Wie es zusammenhängt. Warum ich Tanzen mein Leben lang immer schon so geliebt habe und bis heute so gerne tanze. Welche entscheidenden Auswirkungen das hat. Welche Lebensfreude, gesundheitlichen Benefits und positiven Effekte für mich daraus entstehen. In allen Bereichen meines Lebens hat es mich bereichert. Nicht nur beim Tanzen, auch in meinem Beruf als Coachin, Fernseh- und Event-Moderatorin und Medizinjournalistin. Meine Beziehungen, mein Familienleben, meine Freundschaften. Und vor allem mein Leben mit mir selbst.

Nun lade ich dich ein: Komm, los geht's! Rein in diese Freude! Raus aus Stress, Mangel- und Leistungsdenken. Weg von schneller, höher, weiter. Hin zu atmen und sein und entspannt tanzen. Schritt für Schritt. In Ruhe. Abschalten.

Ein Anfang: Lass dich verführen. Von der Musik. Von Tanzbewegungen. Beim Alleintanzen. Im Tanz mit dir selbst, mit den Beats, der Melodie und deinem eigenen Rhythmus. Oder vielleicht von einem Tanzpartner, einer Tanzpartnerin. Von Menschen in deiner Nähe, die auch gerade tanzen. Etwas entfernt, aber doch verbunden. Über die Augen, ähnliche Moves. Es ist eine Energie, die unsichtbar, aber spürbar zwischen Menschen hin- und herfliegt.

Tanzen ist wie ein zartes Band, mit dem wir spielen. Zug, Gegenzug. Auch dieses Spiel löst ihn aus, diesen Genuss. Sinnlich, manchmal erotisch. Lebensfreude pur. Und fast immer fühlt es sich leicht an. „Schöne Vorstellung, klingt erstmal leicht. Ist es aber nicht?", sagst du. „Doch", sage ich. „Es ist leichter, als du denkst." Ok, vielleicht nicht unbedingt sofort und vielleicht nicht für alle.

Das geht nicht über den Kopf oder Leistung. Und auch nicht auf Knopfdruck. Ich weiß. Wir sind nämlich alle ganz schön konditioniert auf das Leistungsding. Diesen Leistungsdruck, den möchte ich jetzt hier mal ad acta legen. Meine Einladung an dich: Wir dürfen Leistungsdenken und Druck, Kritik und Anspruch beim Tanzen einmal hinter uns lassen. Das ist es, was es zu üben gilt.

ÜBUNG: Just do it ①

Such dir ein Lied aus. Nimm dir fünf bis zehn Minuten Zeit nur für dich. Am besten in einem geschützten Raum mit etwas Platz, wo dich niemand sieht und niemand stört. Wenn du magst: Schuhe aus, Gürtel locker, Musik an und los! Tanz einfach drauf los. In deinem Tempo. Langsam, schnell, wie du magst.

Fühl mal rein, nimm bewusst wahr, was da ganz automatisch an Bewegungen aus deinem Körper kommt. Ohne etwas zu wollen. Alles ist erlaubt. Nichts muss. Kannst auch mal stehen bleiben. Nichts machen. Ich bin sicher, es kommt wieder ein Impuls deines Körpers, dich zu bewegen. Folge ihm. Auch, wenn es nur der kleine Finger ist, der wackelt. Oder der Fuß, der wippt. Egal! Du öffnest dich fürs Tanzen. Schaust, was passiert. Machst einfach. Wie, ist völlig gleichgültig!

Wenn der Song vorbei ist, spür nach. Wie fühlst du dich? Gut? Mehr Energie? Tat es dir gut?

Gleichgültig, wie es war: Mach es wieder. Du wirst sehen, es entwickelt sich etwas. Etwas Tolles. Dein Tanz!

Eine super Hilfe kann für viele die Erinnerung an Tanzen in der Kindheit und Jugend sein. Erwecke solche Erlebnisse zu neuem Leben. Gefühle, die du damals hattest, als dein Kopf nicht dominant war. Damals hattest du ganz sicher einen anderen, klaren Zugang zur Bewegung aus Freude. Zum Tanzen. Daran kannst du anknüpfen, indem du dich für die Erinnerungen öffnest. Ich wünsche dir eine schöne Entdeckungsreise!

Lade dir die Übung herunter: S. 139

2. SCHLÜSSEL: Du tust es. Tanzen. Du vertraust deinem Körper.

Dein Körper zeigt dir den Weg. Und das, was er bzw. was du gerade brauchst. Vorausgesetzt, du hörst ihm zu und lässt dich auf diese Reise ein: deinen Körper zu erforschen, auf ihn einzugehen, mit ihm zu tanzen, spielerisch, und dabei dich selbst besser kennenzulernen.

Jetzt sagst du vielleicht: „Hilfe, das klingt so geheimnisvoll. Was muss ich denn da machen?"

Wenn es sich gut anfühlt, mach weiter! Wenn es weh tut, verändere etwas!

Weißt du was? Zunächst musst du mal gar nichts. Nur ja sagen, neugierig, offen sein und vertrauen. Dir selbst. Und deinem Körper. Der ist nämlich viel schlauer als wir und unser Denken. Und er lügt nie.

Raus aus dem Kopf, rein ins Herz und in die Füße.

Hast du Lust dazu? Ja? Gut!

Was heißt das nun praktisch? Wie erreichst du diese Freude, diesen Genuss, von dem ich hier die ganze Zeit schwärme? Im Grunde ist es einfach. Dein Körper zeigt es dir. Beim Tanzen und überhaupt bei allen Bewegungen hilft eine Basisregel, die ich in meiner Ausbildung zur NIA-Teacherin gelernt habe:

Wenn es sich gut anfühlt, mach weiter! Wenn es weh tut, verändere etwas!

Verändere etwas an deinem Tanz, an deiner Art, dich zu bewegen. Erforsche Varianten, sanfter zu tanzen etwa. Bitte hör nicht auf! Es gibt nicht nur Schwarz (tut weh) und Weiß (fühlt sich gut an), sondern viele, viele Grautöne dazwischen. Du kannst beim Erforschen entdecken, dass es doch geht. Dass du tanzt, nur vielleicht etwas anders als gedacht.

Bitte, bleib dran – mache die Bewegung einfach etwas anders, auf deine Weise. Und gib dir Zeit. Hechle nicht Trainer:innen, Vortänzer:innen oder Mittänzer:innen hinterher! Sondern nimm dir das Recht, in DEINEM Tempo zu tanzen, auf DEINE Art. Das ist best learning! Für alles, auch im Alltag. Du trainierst dabei automatisch dein Selbstbewusstsein und deine Achtsamkeit. Lernst enorm viel über deine Grenzen und Möglichkeiten. Und die können jeden Tag anders aussehen, sogar innerhalb einer Tanzstunde variieren.

So zu tanzen, macht uns flexibel und agil. Es stärkt unsere Fähigkeit, das Eigene zu tun und mit Veränderungen im Leben entspannt und beweglich, sprich flexibel umzugehen. Ich habe in Tanzsessions schon oft gedacht: „Oh, heute mach ich diese eine Bewegung nur ganz sanft …" Und dann ging's plötzlich los … es kam Power, mit der ich nicht gerechnet hatte. Oder genau andersherum, mein Körper hat mich zurückgepfiffen.

3. SCHLÜSSEL: Du weißt, warum du tanzt. Mit klarer Haltung.

Frage dich einmal selbst: Warum willst du tanzen? Ich persönlich tanze nicht mit dem Ansatz „ich muss". Weil mir Rücken oder Knie weh tun. Oder ich vielleicht ein paar Kilos verlieren möchte. „Durchs Tanzen nehm' ich ab. Ich muss mich optimieren." Himmel, allein das zu schreiben und zu denken macht mir schon Druck. Lass uns sagen: Schluss mit diesem ewigen Selbstoptimierungszwang! Es geht auch anders. Und zwar besser.

Klar kann man immer etwas dazulernen und den Bewegungshorizont erweitern, Techniken beherrschen und neue Erfahrungen sammeln ist auch cool. Versteh' mich richtig: Das alles ist per se gut! Die Frage ist, welche Grundhaltung dahintersteckt. Weiß ich: „Ich bin gut und genug, so wie ich bin. Ich BIN richtig. Und es schlummern ganz viel Bewegungslust und Moves in mir. Die wollen geweckt werden." Oder ist da die – vielleicht versteckte, unentdeckte – Haltung: „Es reicht nicht. Ich bin nicht genug, nicht richtig. Zu dick, zu dünn. Zu unsportlich. Ich muss an mir arbeiten."

Die Motivation, die Energie ist jeweils eine ganz andere. Das liegt an der inneren Haltung und ist ein bisschen tricky. Es lohnt sich aber, ganz genau hinzuschauen, ehrlich zu sich selbst zu sein und gegebenenfalls die Haltung zu ändern. Meistens geht es darum, mal wieder hinzuschauen, ehrlich zu checken, neu zu wählen. Und gut ist.

DIE INNERE HALTUNG IST ENTSCHEIDEND

Ich selbst tanze aus der Haltung heraus: „Tanzen ist toll. Macht Spaß! Tut mir einfach gut." Freude und Lebendigkeit zu spüren ist meine Motivation. Den Akku aufzuladen, mich auf Freude und Selbstliebe auszurichten. Das ist mein Fokus, das liebe ich. Diese Lebensfreude und Lebendigkeit, die Tanzen auslöst. Sogar, wenn ich zuerst keine Lust auf eine Stunde hatte. Ja, das gibt's! Ich entscheide mich fürs Tanzen, nicht um ein Fitnessprogramm zu absolvie-

ren, um abzunehmen oder den Körper umzuformen, sondern aus Spaß! Die Fitness, den gesundheitlichen Benefit, die straffe Haut und sexy Figur – das alles gibt's als Bonus obendrauf. Als automatische Folge. Genial, oder?

Ja, ich weiß: Nicht allen geht es sofort genauso. Wie also kommst du dahin – zum Spaß an Bewegung und Lust aufs Tanzen? Egal, wer zuschaut. Dass du dich traust, dich erstmals oder wieder neu aufs Tanzen einzulassen?

4. SCHLÜSSEL: Du schließt Frieden mit der Angst, dass alle gucken.

Dich beim Tanzen zu blamieren, doof auszusehen, peinlich zu sein – plötzlich egal. Vielleicht haderst du damit und glaubst, dein Körper könnte nicht tanzen, noch nicht oder nicht mehr. Du denkst, das sieht doof aus, wie du dich bewegst. Total peinlich. Du blamierst dich. Diese Gedanken sind völlig normal, die hat fast jede:r. Auch wenn's kaum jemand sagt. Fakt ist: Solche Gedanken blockieren uns. Sie sind es, die verhindern, dass wir einfach lostanzen. Dass wir Freude und Genuss erleben. Ich gehe ab Seite 40 noch genauer darauf ein. Fürs Erste kannst du jetzt für dich beschließen: Diese schlummernden Ideale und inneren Kritiker sind ab heute arbeitslos. Ciao! Niemand muss Star-Tänzer:in sein oder werden. Ich nicht. Du auch nicht. Wir sind nicht im Wettkampf.

Stattdessen lade ich dich ein: Komm, wie du bist! Jetzt. Egal, wie alt du bist. Egal, wie fit, untrainiert oder schlapp. Egal mit wie vielen Kilos auf den Rippen oder Röllchen am Bauch. Völlig wurscht. Egal, wie lange du schon nicht mehr gegroovt, auf Partys nur anderen zugeschaut hast. Egal, welches Alter du hast: 40? 50? 60? 70? 80? Egal, wie jung oder alt du dich fühlst. Oder was andere dir dazu sagen. Bitte: Mach dir darum jetzt NULL Gedanken! Einverstanden?

TANZEN VERBESSERT MEINE SCHMERZEN

Mein Körper sagt mir beim Tanzen immer: „Hey, Susanne, wir sind voll jung!" Das Interessante ist: Mir tut beim Tanzen nichts weh. Auch wenn es vorher irgendwo Schmerz gab. Der ist wie weggeblasen. Ok, ich bin achtsam. Aber tatsächlich muckt dann plötzlich nichts mehr herum. Kein Zeh, kein Knie, kein Kreuz. Einfach super. Ich schwebe. Fliege. Vergesse, wo's mal gezwackt hat oder was weh tat. Ich bin sicher, das liegt an all den Glückshormonen. Und dieses Gefühl hält auch danach an.

5. SCHLÜSSEL: Denkst du noch oder tanzt du schon?

Tanzen hilft auch bei zu viel denken. Bei Angst, bei Grübeln und Zweifeln. „Blöde" Gefühle und Gedanken können wir tatsächlich verwandeln, indem wir sie betanzen. Grübeln und Tanzen gleichzeitig geht nicht wirklich, das ist quasi unmöglich. Und das ist gut so. Sehr gut sogar. Denn es bedeutet: Wenn wir tanzen, werden Zweifel, Grübeleien, Angst, belastende Gefühle und Sorgen in der Regel weniger, lösen sich, verschwinden oft sogar. Wir verschmelzen mit der Musik, mit dem Rhythmus, mit dem Flow unserer Bewegungen. Und gerade, wenn wir so richtig im Fluss sind, dann kommt sie, diese Leichtigkeit, diese tiefe Erfüllung, das Tänzerglück, „the dancer's high." Dann füllt sich unser Akku wieder so richtig mit Energie und Glückshormonen.

ÜBUNG: Kopfpause – tanzen statt denken

Sollte dein Kopf, also dein Verstand, eine kleine Rebellion anzetteln, wenn du tanzen willst oder während du tanzt, dann lautet mein Vorschlag: Sag zu deinem Kopf laut und liebevoll: „Hey, du hast jetzt mal Pause. Das ist ok. Ruh dich aus! Ich weiß, du willst mir helfen, Probleme zu lösen. Das kannste gut. Danke. Jetzt ist Pause für dich."

Das heißt: Nicht denken. Tanzen! Bewegen und Genießen ist dran. Wenn deine Ohren das hören, dann fällt es dem Gehirn leichter, es umzusetzen. Die Entspannung vom vielen Denken entsteht beim Tanzen auch dadurch, dass die rechte Hirnhälfte aktiver ist, der Sitz von Intuition, Kreativität und Emotionen. Weniger Ratio und Logos, die in der linken Hirnhälfte sitzen. Damit trainierst du praktisch, alten „Logik"-Mustern etwas weniger zu folgen, falls die zu dominant sein sollten. Etwas weniger Fokus auf Verstand, Sprache und Worte. Mehr Herz, Körpersprache, Stille, Zuhören. Dadurch entsteht Persönlichkeitswachstum. Mehr dazu findest du ab S. 39 im Kapitel Tanzen mit Seele & Psyche.

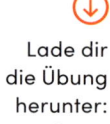

Lade dir die Übung herunter: S. 139

Was Tanzen mit unserem Körper macht

Kraftquelle und Entspannung

Tanzen hilft, abzuschalten und Stress abzubauen. Forscher:innen wissen: Tanzen steigert die Immunabwehr und Konzentrationsfähigkeit. Es lockert Muskeln und Verspannungen, lässt uns besser schlafen, uns sexy fühlen und tut dem Liebesleben gut.

> **Tanzen hilft, abzuschalten und Stress abzubauen. Forscher:innen wissen: Tanzen steigert die Immunabwehr und Konzentrationsfähigkeit. Es lockert Muskeln und Verspannungen, lässt uns besser schlafen, uns sexy fühlen und tut dem Liebesleben gut.**

Unser Gehirn und unser Körper koordinieren beim Tanzen tausende Dinge gleichzeitig. Aber was passiert da eigentlich mit uns und in unserem Körper?

Zum einen passiert ganz viel in unserem Gehirn. Sobald wir tanzen, vollbringt es Höchstleistungen. Unsere Schaltzentrale da oben zeigt, was sie draufhat: Wir hören Musik, bemerken den Rhythmus und Takt, ordnen sie ein, beginnen uns darin zu bewegen. Unser Körper und unsere Augen müssen sich im Raum orientieren, müssen die Richtung, in die wir tanzen, vorausdenken und lenken. Ist da genug Platz? Da tanzt ja jemand ganz nah neben mir! Die Füße müssen sich sortieren: vor oder zurück oder womöglich sogar seitwärts mit Hüpfen, Kreuzen, Drehen. Hilfe! Das Gewicht muss sich verlagern von einem auf den anderen Fuß, oder wir stehen sogar auf nur einem. Huch! Die Beine sollen fröhlich und leicht vor- oder rückwärts schwingen. Klar, kein Ding. Auch wenn ich hinten keine Augen hab.

Das Gleichgewicht muss bei all dem gehalten werden, der Körper soll sich gut ausbalancieren und der Rumpf sich möglichst rasch und flüssig vorwärtsbewegen, immer im Takt. Die Beine sollen sich locker darunter bewegen. Bloß nicht stolpern. Und keinem auf die Füße treten. Die Arme, Hände und Finger sollen sich elegant mitbewegen, helfen, die Balance zu halten und auch noch schön aussehen und für Ausdruck sorgen. Ich bin die Schönste! Wirklich? Oh nein, wie sieht das denn aus?!

Puh … Da wird mir schon beim Schreiben ganz schwindelig. Tanzen selbst dagegen ist viel einfacher. Und die beste Schwindelprophylaxe.

Tanzen ist ein hochkomplexer Bewegungsablauf. Knochen, Muskeln, Bänder, Sehnen, Faszien und Nerven – alles arbeitet perfekt zusammen, präzise bis ins kleinste Detail. Diese Abläufe beschreiben zu wollen, ist ungefähr so, als würde ich dich bitten, den Bewegungsablauf des Gehens haarklein zu beschreiben: was dein Körper da so macht, welche Muskeln sich wann anspannen, in welcher Reihenfolge was passiert, wann dein Gehirn genau welchen Befehl an welches Körperteil gibt.

Worte reichen nicht, um es zu beschreiben. Alles ist so synchron, rasant und eine Mega-Matrix von Verschaltungen. Unser Gehirn koordiniert all diese Abläufe und das Zusammenspiel in Bruchteilen von Sekunden. Gibt ständig die tollsten Befehle von dort oben aus der Schaltzentrale an alle Beteiligten. Tanzen ist ein Wunder. Das Geniale dabei: Wenn wir tanzen, entstehen in unserem Gehirn laufend neue neuronale Verbindungen und Verschaltungen, die uns beweglich und jung halten, uns gesund und schlau machen. Denn bei Cha-Cha-Cha, Salsa oder Tango werden Regionen des Gehirns gleichzeitig gefordert, die wir sonst oft nur einzeln oder nacheinander brauchen.

Diese Gehirnregionen sind beim Tanzen aktiv

- » Verarbeiten und Verknüpfen von Informationen aus Musik und Rhythmus mit Bewegung: *auditiver Kortex bzw. Hörrinde im Schläfenlappen*
- » Konzentration: ein Bereich der *Großhirnrinde*
- » Optische Eindrücke: Sehrinde im *Hinterhauptslappen*
- » Wahrnehmung der Bewegungen und Orientierung im Raum: *Scheitellappen*
- » Koordination von Bewegungen und Schritten sowie die Erinnerung daran: *Kleinhirn*
- » Verstehen von Moves, Ausführung komplexer Bewegungen und Entscheidung, wohin wir tanzen: *Frontallappen* und *Großhirnrinde*
- » Lernen und Ausführung neuer Bewegungen: *Mittelhirn* und *Hippocampus*
- » Emotionale Bewertung und Reaktion auf Musik und Tanz: *Amygdala* im limbischen System
- » Steuerung unserer Bewegungen: *Stirnlappen*

Auch wenn die neurologischen Steuerungsvorgänge natürlich viel komplexer und noch nicht vollständig erforscht sind, wissen Mediziner:innen und Wissenschaftler:innen inzwischen sicher: Tanzen regt das Gehirn an, neue Zellen wachsen zu lassen. Ich sage immer: Beim Tanzen werden ständig neue „Autobahnen" gebaut. Das fördert unsere Denk- und Lernfähigkeit, unsere Motorik und Koordination. Wenn also beim Tanzen meine Bewegungen nicht gleich so klappen, wie ich es möchte, ist klar: Da ist gerade 'ne Baustelle. Macht nichts. Wird. Ich tanze einfach weiter, gönne mir, meinem Gehirn und meinem Körper Zeit und Geduld. Dann kommen die Bewegungen wie von selbst. Das zu wissen, ist extrem beruhigend, finde ich. Es tut gut, zu begreifen: „Hey, ich bin nicht zu doof zum Tanzen, sondern mein Gehirn baut gerade einfach nur 'ne breitere Fahrbahn für meine tolle Karre – und das braucht eben Zeit."

Das Zauberwort heißt: Neuroplastizität. Das meint die Fähigkeit des Gehirns, sich selbst ständig zu verändern, zu verbessern, quasi noch „beweglicher" zu werden. Diese Neuroplastizität ist beim Tanzen besonders aktiv, das Tanzen fördert sie. Es ist bekannt, dass sich Synapsen, Nervenzellen und sogar ganze Hirnareale in ihrer Funktion verändern können, um ablaufende Prozesse je nach aktuellen Anforderungen – also beispielsweise für neue Moves, Schritte, Drehungen oder Choreografien – zu optimieren. Und nicht nur das. Auch das Denken bleibt aktiv und flexibel, die Kognitionsfähigkeit erhalten.

Aus der Therapie mit Menschen, die einen Schlaganfall hatten, weiß man heute, dass gesunde Gehirnareale die Aufgaben von geschädigten übernehmen können. Vor 25 Jahren dachten viele Ärzte noch, so etwas wäre unmöglich. Menschen wurden teilweise als hoffnungslose Fälle abgestempelt und ihnen wurden Therapien verweigert. Ich selbst habe so einen Fall im Freundeskreis. Eine Freundin bekam mit Anfang 40 einen schweren Schlaganfall, war halbseitig gelähmt und konnte nicht mehr sprechen. Doch sie selbst und auch ihre Familie und Freund:innen haben sie nie aufgegeben. Sie hat für Therapien gekämpft und ist drangeblieben. Sie trainiert ihr Gehirn täglich, hat sich so ihr Sprechen und ihre Fähigkeit zu laufen mit der Zeit zurückerobert. Was für ein Glück!

Eine andere wundervolle Frau hatte mit 44 Jahren einen Schlaganfall, durch eine nicht erkannte Gerinnungsstörung. Auch sie war halbseitig gelähmt, saß im Rollstuhl. Dann entdeckte sie Tanzen, in ihrem Fall NIA.

Heute, drei Jahre später, kann sie wieder tanzen. Sogar hüpfen und sich drehen.

Unser Gehirn ist zu erstaunlichem Neu- und Umbau, zu Regeneration und immer weiterem Lernen fähig. Synapsen wachsen sogar nach. Der Neurobiologe und Hirnforscher Gerald Hüther sagt, dass es vor allem eine Sache ist, die wir brauchen, damit sich neue Synapsen im Gehirn bilden: Freude[1]! Nur dann, so Hüther, entstehen neue Verknüpfungen. Das Alter ist dabei nebensächlich. Das Gehirn ist also schlau und nutzt vor allem das, was aktuell voll im Fokus steht und wofür du so richtig brennst. Etwa Tanzen.

Tanzen ist in jeder Form ein super Training! Es fordert und fördert unsere grauen Zellen, stimuliert sie auf allerbeste Weise, die auch noch viel Spaß macht. Tanzen ist ein Jungbrunnen. Ist „Anti-Aging auf dem Parkett!"

Die Gehirne von Musiker:innen und Tänzer:innen sehen anders aus, als jene von Menschen, die nichts mit Musik und Tanz zu tun haben. Das haben wissenschaftliche MRT-Untersuchungen gezeigt. Die beiden Neurowissenschafler:innen Dr. Julia F. Christensen und Dr. Dong-Seon Chang[2] sind selbst begeisterte Tänzer:innen und forschen am Max-Planck-Institut in Tübingen zum Thema Bewegung und Gehirn. Sie haben herausgefunden, dass wir schon als Embryo im Leib unserer Mutter auf ihre Bewegungen und ihren Körperrhythmus reagieren. Wir antworten mit eigenen Bewegungen auf Musik, erkennen Struktur und Rhythmus. Auch der Psychologe István Winkler von der Ungarischen Akademie der Wissenschaften in Budapest[3] hat 2009 in einer Studie gezeigt, dass wir Menschen mit einem rhythmisch-musikalischen Sinn geboren werden. Er untersuchte die Hirnströme bei Neugeborenen und stellte fest: Ändert sich der Rhythmus, verändern sich auch die Hirnströme der Babys. Eine Studie der Universität Jyväskylä[4] fand heraus: Schon Babys und Kleinkinder zwischen fünf und 24 Monaten tanzen! Sie bewegen sich spontan und ohne, dass es ihnen jemand zeigt, zu Musik und Trommelklängen. Und, besonders schön: Sie lächeln dabei. Empfinden also ganz offensichtlich Freude!

Was also passiert im menschlichen Gehirn, wenn wir tanzen? Die Musik, das Tanzen und unsere Bewegung lösen aus, dass im Gehirn ein Cocktail aus Glückshormonen ausgeschüttet wird. Dass wir uns beschwingt und glücklich fühlen, alles Stressige und Anstrengende vergessen. Sogar die Kraft, die unser Körper gerade aufbringt. Und: Wenn wir uns beim Tanzen mit anderen Menschen gemeinsam bewegen, verliert unser Gehirn die Grenze zwischen du und wir. „Es entsteht ein starkes Verbundenheitsgefühl", sagt Dr. Dong-Seon Chang. „Je synchroner die Tanzbewegungen von Leuten sind, die sich vorher nicht kannten, umso mehr mögen sie sich hinterher. Menschen, die zusammen tanzen, werden sozialer und auch empathischer."[2]

Tanzen schafft Verbundenheit vom Ich zum Du und Wir. Ist das nicht großartig? Unser Gehirn versucht beim Tanzen, andere Menschen zu verstehen und sich mit ihnen geistig zu verbinden, indem es sie über Spiegelneuronen wahrnimmt und sie und ihre Art, ihre Bewegungen simuliert. Wenn wir unsere eigene und zeitgleich dieselbe Bewegung bei einer anderen Person sehen und wahrnehmen, findet in unserem Gehirn eine sogenannte Co-Aktivierung statt: Es werden Bereiche, die „mich" und „dich" wahrnehmen und in der Regel unabhängig voneinander arbeiten, gleichzeitig aktiviert. Für unser Gehirn werden „Ich und du" beim Tanzen zu einer Einheit. Zum „Wir".

Diese Erfahrung liebe ich beim Tanzen. Dieses Miteinander, das entsteht, wenn wir zusammen tanzen. Ohne Worte. Einfach durch die Sprache unserer Körper. Dieses ständige Spiel aus verschiedenen Formen der Wahrnehmung vom Ich, Du, Wir. Das gibt neue Kraft und entspannt. Aus meiner Erfahrung ist es ein Urbedürfnis, mit anderen Menschen in Kontakt, in Verbindung zu sein. Letztlich mit ihnen zu verschmelzen. Nicht mehr getrennt, sondern eine Einheit zu sein. Ähnlich wie in der Liebe. Beim Verschmelzen zweier Körper wird dieser Ur-Wunsch nach Einheit und Verbindung gestillt. Und beim Tanzen in gewisser Weise auch.

Wir sind nicht dafür geschaffen, allein zu bleiben, wir brauchen die soziale Verbindung. Berührung, Blickkontakt. Austausch, Anfassen. Hände, die zupacken, die streicheln. Arme, die uns umfangen, halten, führen. Und das machen eben auch tanzende Arme und Hände.

Tanz der Hormone

Bei jeder Umarmung, jeder körperlichen Berührung beim Tanzen, schüttet unser Gehirn Oxytocin (und Prolaktin) aus. Das Kuschelhormon, das dann entsteht, ist wichtig für unser Wohlbefinden und unsere Gesundheit. Die US-amerikanische Familientherapeutin Virginia Satir[5] soll gesagt haben: „Wir brauchen vier Umarmungen am Tag, um zu überleben, acht Umarmungen, um stabil zu bleiben und zwölf, um uns weiterentwickeln zu können." Ohne Berührungen gehen wir im Grunde ein wie eine Primel ohne Wasser. Fühlen uns nicht wohl. Oder werden krank. Seelisch und körperlich. Erwachsene halten das länger aus, Babys dagegen brauchen Berührungen wie die Luft zum Atmen und sogar noch mehr als die Muttermilch. Sie entwickeln sich nur gut, wenn sie diese Zärtlichkeit bekommen. Tasten und uns berühren ist unsere erste Sprache. Auch Konflikte und Angst werden abgemildert durch Berührungen, fanden Wissenschaftler der Carnegie Mellon University in Pittsburgh, Pennsylvania, heraus[6].

Tanzen schenkt uns diese Berührungen, eine Menge Oxytocin und damit viel, viel Entspannung und Wohlfühlmomente. Japanische Forschende haben in einer Studie[7] festgestellt, dass Menschen, die nach einem Gespräch eine Umarmung bekamen, weniger vom Stresshormon Kortisol im Blut hatten. Auch beim Tanzen sinkt der Kortisolspiegel. Dass der gesund niedrig bleibt, ist essenziell für ein intaktes Immunsystem. Stress schwächt unser Immunsystem. Die Entzündungswerte im Blut steigen. Forschende der Medical University of South Carolina[8] untersuchten das Blut von über 4.000 Personen und befragten sie nach ihren Hobbys. Das Ergebnis: Menschen, die in ihrer Freizeit tanzen, hatten niedrigere Entzündungswerte als jene, die zum Beispiel schwimmen oder radfahren. Allein über Effekte und Vorgänge im Immunsystem könnte ich ein eigenes Buch schreiben. Unser Immunsystem und die Zusammenhänge sind extrem spannend, aber auch komplex. Es sind nicht nur die Umarmungen, sondern es ist das Tanzen selbst, das unserem Körper guttut.

Tanzen bewirkt, dass wir weniger Stresshormone produzieren und vorhandene abbauen. Dass wir uns austoben, an Grenzen stoßen. Tanzen setzt Endorphine frei, die uns ein Hochgefühl schenken. Wie beim Laufen, bekannt als „Runner's High". Das Glückshormon Dopamin wird vermehrt ausgeschüttet, wenn wir Ziele erreichen. Also etwa: „Ich möchte Salsa lernen. Und tu es." Zack! I did it. Die Belohnung kommt mehr vom Glückshormon Dopamin. In jeder Tanzstunde wieder. Allerdings nur, wenn es Spaß macht! Der Mix aus den Hormonen ist bei jedem Menschen individuell. Ganz genau erforscht sind diese Mechanismen noch nicht. Ich schätze, das wird auch nie vollständig gelingen, dazu sind wir zu komplex und individuell.

Sicher aber ist: Wenn wir uns mit Freude auf dem Parkett austoben, dann entspannen wir uns auch. Und: Beim Tanzen schüttet der Körper Glückshormone aus. Die vielen verschiedenen Reize bewirken, dass das Gehirn auf ganz verschiedenen Ebenen stimuliert wird. Es wird gefordert – und das findet es richtig gut so. Das macht uns glücklich! Beruhigt unser Nervensystem, macht uns gelassen und ausgeglichen. Tanzen kann in unserem Gehirn wie eine Art Droge wirken, wenn es die Regionen stimuliert, die Neurologen als Belohnungssystem bezeichnen.

Ich bin mir sicher: Genau deshalb strahle ich nach dem Tanzen immer so, bin herrlich entspannt und habe neue Kraft. Power, die mich weiter vorwärtsgehen lässt im Leben, den neuen Tag, die Aufgaben und Herausforderungen gut zu schaffen. Die mich ausgeglichen macht und relaxt, egal was kommt. Ich tanze einfach drumherum. Um Umstände, um Ärger, um Fehler. Um Sachen, die im Alltag nicht klappen oder mich herausfordern.

ÜBUNG: Vorher-nachher-Tanz

Probier es aus! Mach ein „Vorher-Foto" von dir selbst. Spür in dich rein: Wie fühlst du dich? Dann tanz eine Runde. Es reicht ein Lied. Wenn du willst, können es natürlich gerne mehr sein. Im Bad, in der Küche oder im Wohnzimmer, egal, einfach da, wo niemand guckt. Oder auch direkt vor der großen Fensterscheibe, wo die Nachbar:innen dich sehen könnten. Einfach aus Spaß. Ein kleines Experiment.

Anschließend mach ein „Nachher-Foto", der Blick in den Spiegel tut's natürlich auch. Vergleiche deinen Gesichtsausdruck, deine Ausstrahlung. Und spür wieder rein: Wie fühlst du dich jetzt? Gibt's einen Unterschied zu vorher? In deiner Laune? Im Energielevel? Körpergefühl? Entspannungsgrad?

Lade dir die Übung herunter: S. 139

ÜBUNG: Add-on: dein Tanznotizbuch

Leg dir ein kleines Tanznotizbuch an. Schreib auf, wie dein Tanzen beim ersten Mal war, und später, wenn du die Übung nochmal machst, dann auch.

Im Laufe des Buches schlage ich dir weitere Übungen vor. Bei allen kannst du etwas über dich erfahren auf deiner Tanzreise. Vielleicht magst du beobachten und aufschreiben, wie es sich anfühlt, was sich Gutes tut? Du könntest dir Antworten geben auf Fragen wie: Hat sich durch die Übung etwas verändert? In dir drin oder im Außen? Oder beim Tanzen? Falls nicht, ist es auch nicht schlimm. Allein schon dir zu gönnen, den Blick einmal auf dich selbst zu lenken, kann bereichernd sein. Diese Selbstreflexion kann superspannend werden. Du erfährst mehr über dich selbst, wie du tickst und was du liebst. Wer du bist.

Tipp: Schreib dir nur die positiven Veränderungen auf. Falls du vermeintlich „negative" findest, umarme sie und dich liebevoll und schau, wie du sie integrieren kannst in deinen nächsten Tanz. Tanz eine Runde ganz bewusst mit ihnen mit und schließe Frieden und Freundschaft mit ihnen. Mehr dazu findest du ab S. 82 beim Punkt „Seelisches und körperliches Wachstum".

Lade dir die Übung herunter: S. 139

MEINE VIELEN SCHAUKELN ALLER ART

Meine Mutter hat mir erzählt, dass ich bereits als ich erst wenige Monate alt war, auf ihrem Arm getanzt habe, mich bei Musik mitbewegt, gelacht habe, wenn sie mit mir tanzend durch die Wohnung schunkelte. „Du fandest das toll, hast es geliebt, es gefiel dir", sagte sie, „schon von Geburt an." Ja, und das ist bis heute so. Es zeigt sich auch am Beispiel Schaukeln. Ich liebe alles, was schaukelt: Schaukelstühle, Hängematten, Hollywood-Schaukeln, die Schaukel auf dem Spielplatz. Vielleicht werde ich an das Schaukeln und Wohlfühlen im Bauch meiner Mutter erinnert. Und allein das schon entspannt mich und mein Nervensystem.

Die gleichmäßige Hin- und Herbewegung beim Tanzen löst über das Innenohr ein wohliges Gefühl aus. Dort sitzt das Gleichgewichtsorgan, das durch die Bewegung stimuliert wird. Und das hat angenehme Folgen fürs Körperempfinden: Glücksgefühle und Entspannung. Außerdem werden durch die sanften Gewichtsverlagerungen von einem auf das andere Bein viele Muskeln aktiviert und besser durchblutet. Das tut dem Herz-Kreislauf-System und der Atmung gut. Das Schöne und Heilsame beim Schunkeln – und bei allem Tanzen – ist aus meiner Sicht neben diesen Mechanismen das entspannte Hin und Her in der Bewegung. Arm in Arm untergehakt, fühlen sich die meisten Menschen sicher und gut aufgehoben, zugehörig und mitgenommen. Sie wiegen sich im besten Sinne in Sicherheit, müssen keinen Solo-Tanz absolvieren. Niemand guckt nur auf sie. Sie gehören dazu, fühlen sich wohl in der Gemeinschaft. Tanzen für Schüchterne, würde ich sagen. Why not? Super!

ÜBUNG: „Shake it out, Baby!" – deine Blitzentspannung

Gerade, wenn du viel Stress hast, dich verspannt fühlst, viel am Schreibtisch sitzt, dich gerne mehr bewegen würdest ... wer von uns kennt das nicht? Hier mein Vorschlag: Schüttle den ganzen Körper aus! Wie ein Hund, der aus dem Wasser kommt. „Shake it out, Baby!" Ein gutes Warm-up zum Tanzen und eine tolle Übung für zwischendurch. Superschnell und einfach im Alltag zu machen, egal wo.

Also: Steh auf, stell dich breitbeinig hin, fester Stand. Arme und Hände locker hängen lassen. Knie leicht gebeugt, Mund ein bisschen geöffnet. Und dann schüttelst du dich, alles, den ganzen Körper. Wackle, bebe, schüttle Arme, Beine, Hände, Füße, den Po, den Kopf, deine Körpermitte. Wenn du magst, gerne auch mit Stimme. Ein leichtes lockeres „Aaaaa!" ohne Druck könnte aus deinem Mund kommen. Tut richtig gut!

Und wie lange das Ganze? So lange, wie es sich gut anfühlt! Ich würde sagen: rund 30 Sekunden, gerne auch eine Minute. Es lockert rasch Muskeln und Verspannungen, erdet uns und entspannt. Schneller Stressabbau mit Blitzentspannung. Geht natürlich auch mit Musik. Für mich ist das auch Tanzen! Tanzen = Bewegung = E-Motion = Gefühle-in-Bewegung. Probier es einfach aus. Ganz wichtig: ohne zu denken. Ich muss dabei oft lachen. Allein das ist schon Entspannung pur.

Lade dir die Übung herunter: S. 139

Auch wenn Bewegung ganz natürlich aus uns herauskommt, wie eben das Schütteln, ist Tanzen untrennbar mit Musik verbunden. Das erklärt ebenfalls, warum uns Tanzen so guttut und entspannt. Den gesundheitsfördernden Effekt von Musik beim Tanzen hat die Musikerin und Psycho-Neuro-Endokrinologin Daisy Fancourt vom University College London[9] untersucht. Sie und auch die italienische Psychologin Lavinia Rebecchini konnten in Studien zeigen, dass es das Immunsystem reguliert, wenn Menschen Musik hören oder musizieren. Auch der Musikwissenschaftler Gunter Kreutz von der Universität Oldenburg hat einen Gesundheitseffekt durch Musik festgestellt[10]: Menschen, die zu Tangoklängen tanzten, hatten eine deutlich niedrigere Konzentration des Stresshormons Kortisol im Blut als jene, die dieselben Bewegungen ohne Musik machten. Sogar traurige Musik kann uns glücklich machen. Unser Körper schüttet dabei das Hormon Prolaktin aus, das ein Gefühl von Trost und Geborgenheit erzeugt.

Deine eigene natürliche Schönheit kommt durch Tanzen noch mehr zur Geltung. Zum Vor-Schein.

Außerdem fördert Tanzen unsere Konzentration und Kreativität enorm. Weil durch die Bewegungen beim Tanzen beide Gehirnhälften, die rechte und die linke, gleichermaßen angesprochen und aktiviert und so quasi intensiver verbunden werden. Sie sind sowieso miteinander verbunden, aber der Flow zwischen rechter und linker Hirnhälfte ist dann stärker. Die linke Gehirnhälfte ist grob gesagt für Logik und Ratio zuständig, die rechte für Intuition und Gefühl. Oftmals ist im Alltag eine Seite stärker beansprucht als die andere. Tanzen jedoch aktiviert sowohl unsere rationale als auch unsere emotionale Seite. Beide Gehirnhälften arbeiten beim Tanzen noch intensiver zusammen und kommen stärker ins Gleichgewicht. Wenn das passiert, geht es uns gut. Wir sind in Balance.

Tanzen ist Medizin – ja, tatsächlich!

Tanzen macht uns happy und hält uns körperlich, seelisch und geistig fit. Ganz konkret kann Tanzen tatsächlich Depressionen, Demenz und Alzheimer vorbeugen und hilft etwa auch in der Behandlung von Parkinson. Wer regelmäßig tanzt, senkt sein persönliches Risiko, eine Demenz oder Alzheimer zu bekommen, um sage und schreibe bis zu gut 70 Prozent! Wow! Was für eine Möglichkeit! Welch ein Effekt durch die getanzten Tangos, Salsas oder Walzer. Wissenschaftler des Albert Einstein College in New York veröffentlichten dieses Ergebnis einer Langzeitstudie an 469 Personen schon 2003[11].

MEINE STURZ- UND DEMENZ-PROPHYLAXE

Dass Tanzen eine erstklassige Demenz-Prophylaxe ist, finde ich als passionierte Tänzerin natürlich großartig. Es gibt mir ein gutes Gefühl – generell für meine eigene Gesundheit und auch, wenn ich an das denke, was meine Gene mir so bescheren könnten. Mediziner:innen nennen das gerne „Risikofaktoren oder familiäre Disposition". Mich hat getriggert, dass mein lieber verstorbener Vater neun Jahre lang an Demenz erkrankt war, die letzten Jahre schwer. Ein weiterer guter Grund für mich persönlich, Tanzen als ideale physi-

sche Altersvorsorge zu sehen. Tanzen ist meine Gesundheitsversicherung. Ich weiß, ich tue meinem Körper und meiner Seele so viel Gutes, wenn ich tanze. Doch ein ganz wichtiger Punkt ist: Ich mache es nicht zu diesem Zweck! Sondern in erster Linie macht mir Tanzen Spaß. Die positiven Auswirkungen auf meine Gesundheit und Fitness sind einfach ein großartiger Nebeneffekt. Ein Geschenk on top. Tschüss, Demenz!

Ich habe diesen gesundheitlichen Benefit, den mir Tanzen schenkt, auch schon in vielen anderen Formen im Alltag erlebt. Ganz praktisch. Diese Geschichte ist nur ein Beispiel: Vor ein paar Jahren ging ich barfuß über die Terrasse, blieb mit dem Fuß an einer Steinkante hängen und fiel – zack! – der Länge nach hin. Was soll ich sagen? Ich tat mir – nichts! Ich war völlig baff. Meine Knie berührten nicht mal den Boden. Mein Gehirn und mein Körper reagierten so blitzschnell, ich fing mich mit den Händen in einer Art Liegestütze ab. Dabei hasse ich Liegestütze und in meinen Armen steckt bei mir gar nicht die Hauptkraft, die steckt in meinen Beinen. Die Erklärung für diese rasche, reflexartige Abfederung und plötzliche Aktivierung meiner Kraft sehe ich in meinem Tanzen. Mein Körper hat gelernt, agil zu sein. Auf natürliche Art beweglich und flexibel blitzschnell auf Impulse zu reagieren. Das ist nicht nur die beste Sturzprophylaxe und Unfallversicherung. Es macht auch noch eine Menge Spaß und beruhigt ungemein. Cool.

Ich persönlich finde, es gibt kaum etwas Ästhetischeres als einen gut trainierten Körper, dem man ansieht, dass Tanzen ihn geformt hat. Und der muss nicht unbedingt jung sein. Ja, meist sind „sichtbare" Tänzer:innen zwischen 16 und 30, aber es geht nicht darum, diesem „Ideal" nachzutrauern. Das Schöne ist: Der Benefit eines straffen, gesunden und ästhetischen Körpers kommt uns durch Tanzen in jedem Alter zugute. Deine eigene natürliche Schönheit kommt durch Tanzen noch mehr zur Geltung. Zum Vor-Schein. Das lässt sich quasi gar nicht verhindern.

Eine Folge der komplexen Bewegungsabläufe und der Gehirnleistung, die wir beim Tanzen laufend anregen, ist eine verbesserte Reaktionsfähigkeit. Die Sauerstoffversorgung und die Blutzirkulation im Körper verbessern sich, Konzentration und Lernfähigkeit steigen an. Tanzen ist ein super Herz-Kreislauf-Training und stärkt die Knochen. Wir trainieren nebenbei unseren Herzmuskel, unseren Kreislauf und das Lungenvolumen, Durchblutung und Stoffwechsel werden angeregt. Ganz automatisch beugen Tänzer:innen so Herzinfarkten und Schlaganfällen vor. On top auch Diabetes und Osteoporose, also Knochenschwund. Die betrifft vor allem Frauen nach den Wechseljahren, weil dann die Östrogenproduktion nachlässt. Durchs Tanzen werden die Knochenzellen sanft angeregt, weniger Knochen abzubauen und weiterhin neue Knochensubstanz zu bilden. Der gefürchtete Oberschenkelhalsbruch mit anschließenden Problemen, überhaupt wieder auf die Beine zu kommen, kann so tatsächlich öfter vermieden werden. Dafür reicht schon regelmäßige sanfte, wie es immer so schön heißt „moderate" Bewegung. Discofox, Jazzdance oder eine andere sanfte Tanzform deiner Wahl reicht völlig aus, um von diesen positiven Effekten zu profitieren.

Gesundheitliche Rundum-Altersvorsorge

All diese Erkenntnisse aus der Medizin zeigen: Tanzen ist eine klasse Sturzprävention und eine Rundum-Gesundheits-Altersvorsorge. Discofox oder Wiener Walzer, Salsa oder NIA – pures „Anti-Aging auf dem Parkett". Wie sehr Menschen vom Tanzen profitieren, zeigen auch Erfahrungen aus der Therapie mit Parkinson-Patient:innen. Bei Morbus Parkinson sterben Nervenzellen im Gehirn ab, die Dopamin produzieren. Die Reizweiterleitung zwischen Gehirn und Muskeln ist gestört. Diese Menschen bekommen Probleme mit dem Gleichgewicht und der Bewegung, ihre Muskeln werden steif, sie zittern und ihre Mimik ist eingeschränkt. In der Regel bekommen sie Physiotherapie. Bei jenen, die zudem tanzen können und wollen, etwa Tango oder Walzer oder im Rahmen einer Tanztherapie, haben diverse Studien festgestellt, dass sie sich wieder besser, sicherer und flüssiger bewegen können. Die Neurologin PD Dr. Monika Pötter-Nerger vom Universitätsklinikum Hamburg Eppendorf weiß darüber: Die Musik beim Tanzen setzt Botenstoffe im Gehirn frei. Etwa Serotonin und Dopamin, die auf Gehirnareale zur Bewegungssteuerung wirken. Das kann zusätzlich helfen, motorische

> Tanzen ist eine klasse Sturzprävention und bestes Anti-Aging auf dem Parkett.

Blockaden zu überwinden.[12] Was bei Parkinson hilft, hilft natürlich auch gesunden Menschen, gesund zu bleiben. Wenn Parkinson-Erkrankte durch Tanzen ihre Beweglichkeit und ihr Gleichgewicht verbessern können, hilft Tanzen auch mir, in Balance zu kommen und zu bleiben!

GLEICHGEWICHT HALTEN – EIN LEBEN LANG

Mein Leben lang war Gleichgewicht ein großes Thema für mich. Tanzen fordert mich immer wieder heraus, mein Gleichgewicht zu finden und zu halten. Das war früher beim Ballett schon so, wenn ich ganz easy viele Pirouetten drehen sollte, was mir nicht so leicht fiel. Punkt fixieren, Mitte anspannen, kerzengerade aufrichten und fröhlich drehen, quer durch den Raum. Und natürlich nicht nur rechts herum, sondern auch links. Das rechte Bein war immer die Schokoladenseite. Das Gleichgewicht zu halten fand ich bei vielen Drehungen echt heftig. Gerade wenn alle anderen zuguckten – „Hilfe, sie schauen!" – und weil mir ab und zu schwindelig wurde.

Warum? Weil ich mein Ziel aus den Augen verloren hatte. Diesen Punkt, den ich fixiert hatte. Nicht mehr wusste, wo ich hinwollte. Und die Kraft im Bauch und Beckenboden flöten ging. Was dagegen hilft? Sich an die Technik als Hilfe erinnern – und Übungen für den Beckenboden. Du hast es vielleicht schon geahnt … Ich empfinde Übungen, um meinen Beckenboden zu stärken und die Kraft dort zu trainieren als echt hilfreich für meinen Bauch, mein körperliches und seelisches Gleichgewicht und meine Klarheit. Wenn ich den Beckenboden trainiere, halte ich nicht nur beim Tanzen besser die Balance, sondern ich bin auch im Alltag mehr in meiner Mitte. Meine Psyche ist ausgeglichener.

Ich weiß im Alltag, im Beruf, in Beziehungen und in meiner Familie klarer und rascher, was jetzt dran ist. Ich habe im wahrsten Sinne des Wortes eine andere Haltung. Bin gelassener, entspannter. Meine Mitte zu stärken, aufrecht zu stehen, zu sitzen, zu gehen, alles auszubalancieren ist meiner Erfahrung nach also sowohl für den Körper super als auch im übertragenen Sinn für andere Lebensbereiche. Es lohnt sich, das zu erforschen. Ich bin gespannt, was du da erlebst!

ÜBUNG: Power-Mitte für Sicherheit und Stabilität – von tief unten kommt die Kraft

Für die eigene Mitte und Stabilität, ob im Leben oder im Tanz, ist der Beckenboden der zentrale Bereich. Beim Tanzen ist diese starke Mitte – das „Powerhouse", wie es im Pilates heißt – deswegen so wichtig, weil von hier aus viel, wenn nicht überhaupt die gesamte Kraft kommt. Außerdem Stabilität und die Power zur Aufrichtung.

Um diese Mitte und den Beckenboden zu stärken, gibt's die gute alte Fahrstuhlübung, kennen fast alle Frauen. Der Vollständigkeit halber, so geht's: Simuliere das Gefühl, als ob du Pipi anhalten wollest. Spanne die dazugehörigen Muskeln im Beckenboden für ein paar Sekunden an, dann entspanne wieder. Dabei ziehe auch gerne bitte den Bauchnabel schööön Richtung Wirbelsäule und halte ihn dort.

Probier gerne auch diese Varianten aus:

1. Bei Tanzdrehungen: Spann zuerst bewusst den Beckenboden an, also ziehe den Bauchnabel Richtung Wirbelsäule und das Schambein Richtung Kopf. Erst dann drehe dich! Auch hierbei kommt deine Kraft von unten innen.

2. Im Alltag beim Aufrichten oder Aufstehen, zum Beispiel vom Sofa oder aus einem tiefen Autositz: Spanne zuerst den Beckenboden an, ziehe den Bauchnabel Richtung Wirbelsäule und das Schambein Richtung Kopf und steige erst dann aus.

Dein Benefit: Du wirst spüren, du hast mehr Power, bist stabiler. Im Alltag und beim Tanzen. Deine Kraft kommt jetzt viel klarer, gebündelt aus deiner Mitte und von der Basis. Und das gibt dir mehr Stabilität und Sicherheit. Bewegungen, Balance und Gleichgewicht lassen sich leichter halten. Körperlich und seelisch. Probier es aus!

Lade dir die Übung herunter: S. 139

Tanzen kann auch Menschen mit Krebs und chronischen Schmerzen helfen. Wenn unser Gehirn durch das Tanzen angeregt wird und haufenweise Hormone ausschüttet, sind auch Hormone dabei, die eine schmerzstillende Wirkung haben: Endorphine. Sie verringern auf natürliche Weise das Schmerzempfinden. Das ist wunderbar für Menschen, die mit Schmerzen leben müssen, etwa chronischen Rücken- oder Kopfschmerzen. Ein Körper, der tanzt, kann Schmerzen besser verarbeiten, durch diese Endorphine und durch die heilende Wirkung der Bewegung, die auch aus orthopädischer Sicht dem ganzen Körper guttut. Ihn lockert, entspannt und kräftigt. Außerdem wissen Forscher:innen aus Erfahrungen in der multimodalen Schmerztherapie[13]: Menschen können mit Schmerz besser umgehen und diesen weniger stark empfinden, wenn sie ihren Fokus auf etwas anderes richten als den Schmerz. Zum Beispiel auf ihre Füße und Tanzschritte, Bewegungen der Arme oder den Takt der Musik. Und noch etwas aus der Neurologie: Komplizierte Drehungen und Schritte beim Tanzen können den schönen Effekt haben, dass sich unser räumliches Empfinden und Denken sowie die Konzentrationsfähigkeit verbessern.

Der Kieler Sportwissenschaftler PD Dr. Thorsten Schmidt forschte am Universitätsklinikum Schleswig-Holstein zu Tanz und den Auswirkungen auf die Gesundheit[14]. Er stellte fest: Tanzen tut Frauen mit Brustkrebs richtig gut. In einer Studie absolvierten Frauen mehrere Monate lang während oder nach einer Krebstherapie mindestens einmal wöchentlich 90 Minuten ein speziell für sie entwickeltes Tanzsporttraining. Der Forscher: „Tanzen kann die Lebensqualität direkt verbessern und die durch Therapien entstandene Fatigue-Symptomatik sowie Toxizität wie Übelkeit, Erbrechen und Schmerzen verringern. Darüber hinaus kann es die Fitness und Funktionalität verbessern, die während der Therapie oft verloren geht."

ÜBUNG: Morgen-Tanzmeditation – Sunrise-Energy-Dance

Wie wäre es, wenn du gleich morgens den Tag ganz bewusst mit dir und deinem Tanz beginnst? Direkt nach dem Aufstehen. Am besten und wenn du magst sogar noch im Pyjama. Mit einer hohen Wahrnehmung für dich, deine Gefühle und deinen Körper. Diese Übung erdet, macht dich wach, klar und fokussiert.

1) Tanzmeditation ohne Musik

Stelle dich sicher, fest und aufrecht hin, am besten barfuß, mit leicht gebeugten Knien. Lenke deine Aufmerksamkeit auf deine Fußsohlen und den Boden darunter. Ist er warm, hart, kalt? Wie fühlen sich deine Füße und Zehen an? Entspannt? Verkrampft? Dann geh mit deiner Wahrnehmung weiter hoch, durch deine Fußgelenke, Knie, jedes Bein einzeln, links, rechts. Dann in dein Becken, deinen Bauch, Po und Rücken, deinen Brustkorb, deine Schultern, Arme, Hände, Finger, Nacken, Kopf, Gesicht, Augen und Ohren, Mund, Lippen und Zähne, Zunge. Spür deinen ganzen Körper, in aller Ruhe. Und warte einfach auf Bewegungen, die aus dieser Stille, Offenheit und Wahrnehmung kommen. Beobachte, lass zu. Bewege dich. Tanze. Ohne Wertung.

Keine Angst, falls erstmal gefühlt nichts kommt. Warte einfach ab. Hab Vertrauen. Es wird etwas passieren. Vielleicht zunächst ganz leise. Sei einfach interessiert: Was ist der erste Impuls deines Körpers? Weiter stillstehen oder dann doch sanfte Bewegungen? Oder gleich stärker, intensiver, größer lostanzen? Energie, die rauswill? Was auch immer: Lass es zu, spüre rein ... vielleicht Mini-Impulse, etwa leichte Bewegungen mit den Händen oder den Armen? Jaaaa? Cool! Auch das ist schon Tanzen. Vielleicht sind es auch ein paar zaghafte Schritte vor oder zurück? Oder eine Drehung? Lass alles zu, lass alles kommen ... egal, was. Und wenn du das Gefühl hast, da kommt nichts, dann starte einfach mit dem, was sich gut anfühlt. Eine kleine Bewegung, die dir in den Sinn kommt, die sich gut anfühlt ... tanz sie. Und lass sie sich entwickeln ... probiere aus, tanz sie intensiver, ausführlicher, spiele mit Varianten von klein und groß, hoch und tief, sanft und kraftvoll, rechts und links, vorne und hinten, oben und unten, gedreht und gerade, sinnlos und sinnvoll. Tanz deinen Körper einmal durch.

Diese Variante ohne Musik ist eine Tanzmeditation. Du lässt alles zu und misst ihm keine Bedeutung bei. Folgst deinem Körper und seinen Impulsen mit deinen Bewegungen ... Super! So lange, wie du Lust hast ... Wie fühlt sich dein Körper an, wie deine Stimmung?

2) Stille Körperwahrnehmung und Tanz mit Musik

Starte genau wie bei der Variante ohne Musik mit der stillen Wahrnehmungsübung. Spüre rein in deinen Körper, wie er sich von Kopf bis Fuß anfühlt. Ohne Musik. Anschließend lass eines deiner Lieblingslieder laufen. Auch hier warte auf den ersten Bewegungsimpuls deines Körpers. Schau, was passiert ... welche Impulse kommen jetzt aus deinem Körper? Hab dieselbe offene, wertfreie Haltung wie in Variante 1. Will sich dein Fuß bewegen, dein Bein? Deine Hand, dein Arm? Dein ganzer Körper?

Was will raus an Bewegung? Folge ihr, tanz sie und spiel damit: klein – groß, sanft – kräftig, oben – unten, links – rechts, vorne – hinten, was auch immer. Folge dem, was dir Freude macht! So lange, wie du Lust hast ...

Für beide Varianten gilt:

Ich empfehle mindestens fünf Minuten zum Start, du kannst es natürlich beliebig steigern. Danach same same, but different: Nimm bewusst wahr, wie du dich fühlst. Wie fühlt sich dein Körper an, wie deine Stimmung?

Schreib dir gerne deine Beobachtungen in dein Notizbuch. Und nimm diesen Energie-Fokus-Booster mit in deinen Tag. Ich finde diese Übung wunderbar am Morgen. Zum Start in den Tag. Zum Fokussieren und Verbinden mit dem Körper. Als Variante kannst du sie aber auch mal abends probieren für einen entspannten Abend und guten Schlaf.

Lade dir die Übung herunter: S. 139

Tanz durch die Wechseljahre

Auch in den Wechseljahren tut Tanzen Frauen richtig gut. Es hilft bei klassischen Symptomen wie Hitzewallungen und Schlafstörungen, Stimmungsschwankungen und Gelenkproblemen. Das Spannende dabei ist der Perspektivwechsel: Tanzen nicht gegen das Älterwerden, sondern für gutes und gesundes Älterwerden. Statt Anti-Aging also Pro-Aging! Tanzen kann Schwitzattacken und Hitzewallungen reduzieren, die Glückshormone wirken stimmungsaufhellend und antidepressiv. Tanzen stärkt Herz, Gefäße und Kreislauf. Kann sich somit günstig auswirken bei Bluthochdruck, Arteriosklerose, Übergewicht und Diabetes. Tanzen kurbelt den Stoffwechsel an, entspannt und kann Herzinfarkten vorbeugen, hält Muskeln, Gelenke und Knochen fit, beugt Osteoporose vor. All diese Krankheiten, die in und nach den Wechseljahren durch das Nachlassen der Östrogenproduktion häufiger auftreten, kann Tanzen verhindern oder lindern helfen.

> **Tanzen hilft bei klassischen Wechseljahressymptomen wie Hitzewallungen und Schlafstörungen, Stimmungsschwankungen und Gelenkproblemen.**

Für viele Frauen ist er ein riesiges Problem: der Schlaf! Er wird durch Tanzen tiefer, fester, erholsamer. Viele können dank des Tanzens auch wieder durchschlafen. Tanzen bewirkt, dass wir uns besser konzentrieren können und leistungsfähiger bleiben. Ach, was soll ich sagen, dass es nicht wie ein Werbetext klingt? Tanzen ist einfach wie eine Rundum-glücklich-Pille. Regelmäßig eingeworfen, überschüttet sie uns mit Lebensfreude und Wohlfühl-Gefühlen. Also: Ciao, Schlaflosigkeit und Hitzewallung! Und falls du bisher noch nicht losgelegt hast – jetzt kommt der Schlüssel dazu …

Tanzen mit Seele & Psyche

Lebensfreude pur

Tanzen fängt bei deinen Gefühlen an – oder ist garantiert eine Reise zurück dahin und untrennbar mit Lebensfreude verbunden. Das Leben, seine Power und Lebendigkeit spüren und ausdrücken, mit jeder Faser – Tanzen stärkt das Selbst-Vertrauen. Das ist Tanzen für mich, wie ich es schon oft erlebt habe. Immer wieder erleben möchte. Und liebe. Mit allen Facetten. Genau deshalb finde ich Tanzen – auch – so bereichernd, so spannend: Ich komme gut zu mir, entdecke mich selbst immer wieder neu.

Lass die Musik mit ihrem Rhythmus in deine Zellen. Lass dich von ihr tanzen.

All die Gefühle, die in uns stecken, austanzen. Ja, heraustanzen. Wirklich alle. Freude und Lachen genauso wie Wut oder Traurigkeit. Verschiedenste Seiten unserer Persönlichkeit. Wir drücken uns aus durch den Tanz. Manchmal tauchen diese Gefühle einfach auf, ohne dass wir wirklich von ihnen wussten. Überraschung! Nun dürfen sie endlich raus und sich Bahn brechen: Da ist etwa Power, Energie, Kraft. Lust und Leichtigkeit. Freude, Fröhlichkeit und Begeisterung über die eigene Lebendigkeit. Bewegungsdrang, weite ausladende, raumgreifende Schritte oder Armschwünge. Hinschmeißen, Hochspringen. Drehungen über Drehungen. Die Seele lacht, wir strahlen, platzen vor Energie. Könnten schreien vor Glück. Und tun es vielleicht sogar.

Tanzen macht möglich, dass wir UNS tanzen. Mit allen Facetten. Von Freude bis Trauer. Oder wir werden ganz ruhig – spüren plötzlich eine ganz leise, stille Freude oder Trauer, Verletzlichkeit oder Achtsamkeit in uns, die so persönlich, fast intim und zerbrechlich erscheint, dass wir sie mit niemandem teilen können oder möchten. Durch ganz sanfte, vorsichtige, zarte Bewegungen drücken wir sie aus.

Oder wir fühlen uns seltsam neutral. Vielleicht kennen wir das gar nicht von uns. Fast unbeteiligt. Irgendwo im Nirgendwo. Es mag sich ganz klar und selbstverständlich anfühlen. Herrlich befreiend. Oder merkwürdig. Im wahrsten Sinne merk-würdig. Würdig, dass wir es uns merken. Einfach so, als wertfreie Beobachtung. Oder aber wir fühlen uns ein bisschen oder sogar sehr traurig. Vielleicht kommen Tränen. Wir spüren einen aktuellen oder alten Schmerz plötzlich ganz tief in uns, für den wir keine

Worte haben. Der uns fast starr werden lässt. Zum Glück nur fast. Wir können ihn tanzen. Darüber ausdrücken. Ihn dadurch anders fühlen, annehmen und integrieren. Und so auch verwandeln. Heilung kann geschehen.

Allein mit uns selbst. Oder mit einem Gegenüber. Auseinander oder zusammen. In einer Gruppe, im Workshop, beim Training, in einer Tanztherapie-Session, bei einem Fest, auf einer Party oder im Club. Oder in einer Tanzschule, beim Paartanz, im Tanztraining. Mal werden wir geführt, vom Partner, von der Partnerin, vom Trainer, von einer Stimme, von einer ganzen Gruppe. Mal führen wir.

Musik ist die Verbindung zu unserem Körper, unserem Herzen, zu unseren Gefühlen. Sie regt uns zu Bewegungen an, löst Impulse zu Moves in uns aus. Zu tanzen bedeutet, am eigenen Leib mit jeder Zelle zu spüren, zu erfahren und zu lernen, wie es ist, sich dem Rhythmus der Musik zu fügen, sich dem Rhythmus des Lebens hinzugeben. Mit jedem Schritt und Move Neues zu wagen. Den eigenen Körper mit all seinen Eigenheiten, den eigenen Ausdruck durch die Bewegungen, die eigene Persönlichkeit, Lebendigkeit, Kraft, Power genauso wie die eigene Sanftheit und Stille zu erforschen. Laut und leise. Klein und groß. Stark und schwach. Vorsichtig und ruppig. Zärtlich und draufgängerisch. Langsam und schnell. Innen und außen. Hoch und tief. Lang und kurz. In Gegensätzen und sich Ergänzendem. Da ist es wieder: Tanzen ist E-Motion. Gefühle in Bewegung. Lass die Musik mit ihrem Rhythmus in deine Zellen. Lass dich von ihr tanzen.

> **Tanzen ist pure Lebensfreude, die in uns allen schlummert. Eine Form von archaischer Ur-Bewegung, die wiederbelebt werden kann, ja, will.**

Ich liebe es, beim Tanzen viele Seiten einer Persönlichkeit kennenzulernen und zu erleben. Sie mit allen Möglichkeiten des Seins in Tanzformen auszudrücken, sie auszuprobieren. Tanzen ist pure Lebensfreude, die in uns allen schlummert. Eine Form von archaischer Ur-Bewegung, die wiederbelebt werden kann, ja, will. Ich behaupte sogar: Im Grunde wartet sie bei uns allen mehr oder weniger gespannt darauf, aus ihrem Dornröschenschlaf wachgeküsst und zu neuem Leben geweckt zu werden. Das zu erforschen, zu entdecken, bewusster zu erleben, das können wir auch ins alltägliche Leben mitnehmen. Der Boden ist ein Mittel dazu.

Tanzen fängt ganz unten an

Hä? Ja, genau. Der Boden, die Erde, das ist die Verbindung zu all den Gefühlen und Ausdrucksformen, die ich bisher beschrieben habe. Unsere Verwurzelung. Unsere Basis. Vom Boden aus entwickeln wir als Babys über Kriechen und Krabbeln den aufrechten Gang. Auch evolutionär gesehen haben wir Menschen uns vom Boden aus „hochgearbeitet". Also: Back to the roots. Das hat richtig Power, kann ich dir versprechen.

Warst du schon mal am Boden? Beim Sport vielleicht – und auch im Leben? Bestimmt hast du dich schon mal wie am Boden zerstört gefühlt. Und wie war's, als du wieder aufgestanden bist? Hast du dich hochgequält? Warst du froh, wieder einigermaßen auf deinen zwei Beinen zu stehen? Hast langsam wieder Kraft gesammelt? Der Boden hat dir dabei garantiert Stabilität gegeben.

> Mit einer guten Verbindung zu den Füßen hast du eine gute Bodenhaftung und einen stabilen, sicheren Stand. So kannst du deine Tanzschritte wagen, hüpfen, springen, dich drehen, alles safe.

Oder vielleicht war da ja am Boden auch dieses Gefühl: „Jetzt erst recht! Mit neuer Power!" Bist du aufgesprungen? Hast du dich abgedrückt und aufgerichtet, wie Phönix aus der Asche? Etwas in der Art? Das ist super und einer der Gründe, warum ich den Boden liebe. Der Boden erdet uns. Und verhilft uns zu neuer Kraft und Klarheit. Er ist unser Verbündeter und gibt uns Standfestigkeit. Von ihm aus können wir verlässlich immer wieder aufstehen. Sprichwörtlich und im übertragenen Sinne. Das ist sicher. Das Spannende ist: Durch starke Wurzeln und eine gute Verbindung zum Boden gelingt leichtes Tanzen. Irgendwie logisch, denkst du vielleicht. Und was mein ich genau damit? Das hier: Der Tanzboden fordert von uns, dass wir Position beziehen und Haltung annehmen, in zweierlei Sinne, innerlich wie äußerlich.

Äußerlich, physisch heißt das: klare Position der Füße und aufrechte Haltung des Körpers. Sonst verlieren wir die Balance, kommen aus dem Gleichgewicht, fallen hin. Stabilität ist also extrem wichtig. Und innerlich, psychisch bedeutet es, eine eindeutige Haltung einzunehmen: den Boden nicht als deinen Feind, sondern als deinen Freund anzusehen. Ohne Angst, zu fallen. Zu verinnerlichen, dass deine Stabilität vom Boden aus entsteht. Aus starken Wurzeln heraus. Ich sehe es so: Der Boden ist das beste Turngerät der Welt! Er ist immer da, gibt Halt. Sicherheit. Trägt uns. Auch wenn er mit seiner Schwerkraft klare Regeln hat: Down to earth. Ob es uns gefällt oder nicht. Schließlich können wir uns ganz schön auf die Nase legen. Also, Vorschlag: Nutzen wir das! Den Boden, die Schwerkraft. Diese Power.

Mit einer guten Verbindung zu den Füßen hast du eine gute Bodenhaftung und einen stabilen, sicheren Stand. So kannst du deine Tanzschritte wagen, hüpfen, springen, dich drehen, alles safe. Ohne Angst, zu stürzen oder dir etwas zu tun. Stolpern kannst du locker auffangen. Mit jedem Schritt und je öfter du tanzt, wirst du immer sicherer und sicherer. Es gibt ein Sprichwort, das besagt: „So wie jemand geht, läuft und sich vorwärtsbewegt, so geht er auch durchs Leben." Ich habe das bei Menschen immer wieder beobachtet und festgestellt, da ist etwas Wahres dran. Bin gespannt, was du da so wahrnimmst!

Möchtest du mit sicherem Schritt, gut verwurzelt, aufrecht, mit klarer Haltung durchs Leben gehen? Oder vielleicht sogar durch dein Leben tanzen? Ja? Dann ist deine Einstellung zur Erde, die Verbindung zu deinen Füßen und zum Boden ein wichtiger erster Schritt dabei. Beim Tanzen erlebst du, auf dem Boden zu tanzen, zu gehen, zu laufen, dich auch mal auf glattem Terrain zu bewegen, mit oder ohne Schuhe, ihn kennenzulernen, für dich zu nutzen und dich dadurch selbst intensiver zu erfahren. Das kann tatsächlich sicherer und glücklicher machen. Und sogar Verluste ein Stück weit ausgleichen, wie etwa fehlende Bodenhaftung, Verwurzelung oder mangelnde Erdung. Dieses „Grounding" ist gute Medizin für Körper und Seele! Lies dazu auch meine Kindheitserfahrung mit dem Krabbeln auf Seite 46 – herrlich, diese Parallelen zum Leben!

Tanzen braucht also einen guten sicheren Stand, klare Positionen. Ohne das Einsetzen der Kraft in den Füßen, Sprunggelenken, Knien, Hüftgelenken und Beinen, das Nutzen der Muskeln, das Abdrücken in den Boden hinein ist eine Bewegung nach oben, nach vorne oder auch rückwärts gar nicht möglich. Wir brauchen all diese Verbindungen für unseren Tanz. Im Idealfall ist der Boden unser Sparringspartner.

Nun kann der Boden ja ganz unterschiedlich beschaffen und durchaus tückisch sein, das hat es manchmal echt in sich: Er ist vielleicht rutschig oder stumpf, hat Rillen oder Löcher. Es gibt Tanzsäle und Trainingsräume mit festen, knallharten Böden oder aber mit Schwingparkett aus Holz oder sogar Böden aus Kautschuk, die nachgeben. Der Boden liefert uns Orientierung. Schenkt uns Erdung. Wurzeln. Gleichgewicht. Zwingt uns liebevoll, unsere Kräfte zu bündeln, auszubalancieren und dann zu nutzen, wenn wir auf dem Parkett vorwärtskommen möchten. Oder aufrecht durchs Leben zu gehen, unser Gleichgewicht zu halten. Körperlich wie seelisch. Der Tanzboden zeigt dir durch deinen Körper und deine Bewegungen im Tanz ganz genau, wo und wie du stehst. Innerlich wie äußerlich. Er ist ein Spiegel deines Zustands. Ob du gerade wankst, deine Mitte finden darfst oder voll stabil bist. Es ist ein ständiges Ausbalancieren. Der Tanzboden ist dabei der Unterstützer, der uns immer wieder erdet. Auf den Boden der Tatsachen zurückholt. Unser Fundament – im wahrsten Sinne des Wortes. Und Tanzen ist ein Weg, mit diesem Fundament verbunden zu bleiben.

ÜBUNG: Sicher tanzen durch eine starke Verbindung mit deinen Füßen

Bevor du lostanzt, lade ich dich ein, bewusst deine Füße zu spüren. Als ich dazu das erste Mal aufgefordert wurde, hab ich gedacht: „Wie … ? Die spür ich doch, die sind ja da." Klar, sind sie. Aber wenn ich mit meiner Aufmerksamkeit bewusst in die Füße gehe, dann nehme ich alles einzeln und im Gesamten wahr und zwar viel intensiver. Den großen Onkel, den kleinen Zeh, die Außenkanten, meine Fersen und Ballen. Die ganze Fußsohle. Das schafft eine gute Verbindung zu ihnen, gibt Erdung. Es hilft mir, mein Gleichgewicht zu halten, eine gute Haltung zu haben, stabil, sicher und leichtfüßiger zu tanzen.

Ich spüre da also mal ganz locker hin, in meine Fußsohlen, die Zehen, Fersen, Ballen, Außenkanten. Es geht zunächst nur darum, ein Gefühl für sie zu bekommen: Wie steh ich eigentlich so da? Wie steh ich tatsächlich auf meinen Füßen? Und wie gut nehme ich durch meine Fußsohlen, barfuß oder durch die Schuhsohlen, den Boden wahr? Kann ihn gut nutzen. Um Grip, also Bodenhaftung, zu bekommen. Manchmal stell ich mir auch vor, dass dehnbare Wurzeln aus meinen Fußsohlen tief in die Erde wachsen und mir einen absolut sicheren Stand geben. Die Basis, um abzuheben für Schritte und Moves.

Und nun: Musik an. Dance! And feel your feet. Du kannst dabei auch mal ordentlich in den Boden stampfen – mit dem ganzen Fuß. Fühl den Boden so richtig. Drück dich hinein. Und dann drück dich ab. Hoch. Hol die Kraft aus diesem Abdrücken für deinen nächsten Move. Oder tanz mal auf Zehenspitzen, auf deinen Fußballen. Hoch nach oben ... in den Himmel. Und wenn du vorwärts willst, richtig Strecke schaffen, dann roll den Fuß ab, von der Ferse über die ganze Fußsohle bis zu den Zehen. Transportiere dein Gewicht, deinen Körper über die Füße vorwärts. Dann bekommst du richtig Schubkraft. Das gibt dir Auftrieb. Cool!

Lade dir die Übung herunter: S. 139

Und danach: Spür mal, wie du jetzt deine Füße wahrnimmst. Schreib es gerne in dein Notizbuch. Viel Spaß beim Beobachten einer neuen Bodenhaftung, auch im Alltag!

Tanzen macht möglich, dass wir UNS tanzen. Mit allen Facetten. Von Freude bis Trauer.

WARUM ICH HEUTE NOCH DEN BODEN UND DAS KRABBELN LIEBE

Als Kleinkind bin ich schon mit acht Monaten gelaufen. Ich habe das Krabbeln übersprungen. Passt: Konnte mir nicht schnell genug gehen im Leben. Meine Eltern fanden das, glaub ich, toll damals. Haben mich angefeuert. Waren stolz. Ich natürlich dann auch. Und zack! Da war er, ein Grundstein für Bewegung nach Leistungsdenken. Dann gab's ja Anerkennung. Natürlich nur mit guten Absichten, klar. Danke von Herzen an meine geliebten Eltern, die mich immer gefördert haben. Heute weiß man: Wenn Babys oder Kleinkinder nicht krabbeln, ist das im Grunde gar nicht so gut. Die Verwurzelung durch die Krabbelphase fehlt ein Stück weit. Und dadurch ein paar wichtige Basic-Verknüpfungen im Gehirn, die dann erst später „nachgebastelt" werden.

Das merke ich manchmal bis heute: Gleichgewicht war immer mal ein Thema. Beim Tanzen in den Drehungen und früher beim Ballett in den Pirouetten. Und auch heute. Im Leben wie beim Tanzen. Mein Lieblingsfokus: Schön auf meine Mitte achten und auf meine Mittelachse. Auf die Kraft und Stabilität aus dem Beckenboden. Genauso auf festen Stand der Füße. Erdung. Wurzeln. Grounding. Tuchfühlung mit dem Boden tut mir richtig gut. Er ist mein bester Freund. Mein Gehirn mag Übungen auf dem Boden tatsächlich sehr. Und bastelt wahrscheinlich fröhlich immer neue tolle Verschaltungen. Da hol ich das Krabbeln sozusagen nach: beim NIA-Floorplay etwa, Tanzen auf dem Boden.

 ÜBUNG: Der Schlüssel zum Gleichgewicht

Ein großer, wenn nicht sogar DER Schlüssel zum Gleichgewicht beim Tanzen ist: dein Gewicht voll verlagern – immer von einem auf den anderen Fuß! Nur einen Schritt nach dem anderen. Dann kannst du kraftvoll und ausbalanciert die nächste Bewegung machen. So bekommst du auch schnellere Moves, Drehungen und komplexe Bewegungsabläufe hin, deine Füße können im wahrsten Sinne des Wortes Schritt halten. Und das macht Spaß! Du verstehst Tanzschritte leichter und schneller. Und du stehst nie zwischen deinen zwei Füßen. So ein „Zwischen-Stand" würde dich auf Dauer umhauen. Du hast dann ja keine klare Position. Also: Füße gut setzen. Stabil und bewusst. Sonst haut's uns von den Füßen.

Lade dir die Übung herunter: S. 139

Tanz dir Sicherheit!

Tanzen macht stark und (selbst-)sicher. Tanzen hilft gegen Zweifel, besonders Selbstzweifel. Tanzen schenkt dir Selbstvertrauen. Wie, das zeige ich dir in diesem Kapitel. Bevor wir diese wundervollen Benefits genießen können, möchte ich aber etwas ansprechen, was ich oft beobachte: Vielen Menschen, besonders Frauen, stehen beim Tanzen zwei große Blockaden im Weg.

Das eine ist die Angst vor Fehlern. Vor dem vermeintlichen Vertanzen. Und dann auch noch das Gefühl, es nicht zu raffen und vielleicht vor aller Augen, so wie früher in der Schule, zurechtgewiesen zu werden. Wie peinlich! Das zweite ist die Scham, sich so zu zeigen, wie wir sind, wie wir geschaffen wurden. Dass diese eigenen Bewegungen, die Art, wie unser Körper schwingt, nicht schön ist.

Das sind zwei Blockaden, die uns den Spaß am Tanzen tatsächlich völlig rauben können, bevor wir überhaupt angefangen haben. Ganz unbewusst läuft das ab. Ohne dass wir es merken. Was uns oft nicht klar ist: Sich ohne Scham und Angst einfach drauflos zubewegen, egal was wer auch immer darüber denken mag, ja, tatsächlich ganz frei zu tanzen und dabei auch noch jede Menge Fehler einbauen zu dürfen – das ist quasi das genaue Gegenteil davon, was vielen von uns, besonders Frauen, von klein auf beigebracht wurde: nach Schönheit und Perfektion zu streben. Das wurde belohnt. Dafür gab es Liebe. Anerkennung. Geld. Und auch das Gehirn liebt sowas: Das neuronale Belohnungssystem wird aktiviert.

Wissenschaftler:innen – ich glaube es waren Soziolog:innen – haben etwas Interessantes über das Tanzen herausgefunden: Eine perfekte Performance auf dem Parkett und aalglatte Choreographien ohne Fehler erreichen und begeistern die meisten Menschen nicht wirklich. Im Gegenteil: Solche Tanzformen schüren das Vergleichen, Bewerten, Neid und Unzufriedenheit. Ein Publikum findet echte, natürliche Emotionen, individuelle Bewegungen und Authentizität beim Tanzen viel schöner, viel attraktiver. Mal „vertanzen" ist den Menschen völlig unwichtig. Sie finden das sogar sympathisch. Vermeintliches „Vertanzen" oder freie, individuelle, „unperfekte" Bewegungen, die keiner Choreographie folgen, dafür aber ganz aus dem Inneren, aus der Seele einer Tänzerin, eines Tänzers kommen, ganz ehrlich, wahrhaftig und authentisch – solch ein Tanz kann die Herzen der Zuschauer:innen dagegen so sehr berühren, dass Tränen kullern.

Bevor wir uns die zwei Blockaden genauer anschauen: Was ist das Learning für dich aus dieser Beobachtung? Für mich: Mutig mit Freude und aus dem Herzen drauflostanzen ist oft inspirierender als endlos üben und unter Druck performen wollen, müssen, sollen. Dass wir uns richtig verstehen: Ich spreche hier nicht von Profitänzer:innen, die das bestmögliche, fast perfekte Tanzen zum Beruf gemacht haben oder von leistungsorientierten Hobbytänzer:innen. Ich spreche vom Tanzen, das dir und mir ganz einfach direkt und leicht Lebensfreude schenkt.

TURNIERTANZ UND MUSICAL-STUDIUM – TOLLE ERFAHRUNGEN

Tanzprofi wollte ich übrigens eine Zeitlang auch mal werden: In meinen 20ern war ich voller Leidenschaft Turniertänzerin. Ein Traum war in Erfüllung gegangen: A-Klasse-Standard, zweithöchste Turniertanz-Klasse, vergleichbar mit der 2. Bundesliga. Ich hatte einen guten Tanzpartner, der selbst auch Trainer war. Habe viel trainiert und gelernt. Wir waren an Wochenenden oft auf Turnieren, hatten eine Landesmeisterschaft gewonnen, waren im Kader mit guten Trainern. Es hat richtig viel Spaß gemacht. Und doch habe ich nach ein paar Jahren für mich klar wahrgenommen: Turniere zu tanzen, ja, das ist klasse, hat Stil. Gibt mir was. Jeden zweiten Tag Training, am Wochenende zum Wettkampf. Doch irgendwann hatte ich keine Freude mehr daran. Warum? Es ging mir zu viel um Äußerlichkeiten und Technik. Zu wenig um Lebensfreude, wahrhaftigen Ausdruck, um echte Gefühle und Charisma. Die Wertungsrichter wollten eine perfekte Show, perfekte tänzerische Technik, ein perfektes Outfit. So sehr ich die Walla-Walla-Kleider mit Federn, Strass und glitzernden Pailletten geliebt habe, so sehr hatte ich irgendwann das Gefühl, dass es nicht mehr passt. Auch der Druck im Kader und bei den Turnieren.

Irgendwann wollte ich nur noch weg vom Tanzen nach Leistung. Raus aus dieser Welt des Be- und Abwertens durch Wertungsrichter beim Turnier, durch Trainer:innen oder durch die „Konkurrenz". Ähnlich ging es mir auch ein paar Jahre später mit den Lehrer:innen an der Stage School Hamburg, an der ich mir ebenfalls einen Kindheitstraum erfüllte: Tanz, Gesang, Schauspiel zu studieren, eine Musicaldarstellerinnen-Ausbildung. Ich stand schon fest im Beruf als TV-Journalistin und Moderatorin bei SAT.1, spürte plötzlich diesen Tanztraum und dachte: „Wann, wenn nicht jetzt?"

Das Casting klappte, ich ergriff die Chance. Nahm mir eine Sabbatzeit und begann das Musical-Studium. Ich wollte es einfach wissen. Fühlen! Wie ist es wirklich, täglich im Ballettsaal zu stehen? Zu schauspielern, zu singen, zu tanzen, mit dem Ziel, Profi zu werden? Es war klar: Das bedeutet Druck, täglich. Liefern. Und dann: perfektes oder angeblich perfektes Tanzen. Das interessiert mich nicht, das habe ich deutlich gemerkt. Ich bin zurückgekehrt in meinen Beruf als Journalistin. Und hab es nie bereut, das Studium ausprobiert zu haben. Im Gegenteil: Bin stolz und freue mich bis heute darüber. Yes! I did it!

Das kann ich noch meinen Enkelkindern erzählen. Eins kann ich dir sagen: Ich war in der Zeit fit wie ein Turnschuh. Und weiß seitdem klarer denn je: Tanzen ist ein super Training für den gesamten Körper, um fit zu bleiben fürs ganze Leben. Es kommt eben nur auf die Dosis an. Womit wir wieder bei dem Schlüssel Nr. 1 wären – der Freude.

> Wenn du tanzt, dann bist du mutig und kreativ. Du wagst dich auf einen neuen Weg.

Keine Angst vor Fehlern

Es gibt diese Furcht, nicht richtig, nicht genug, nicht perfekt zu sein. Diese Angst ist extrem verbreitet. Kennst du sie auch? Glaube mir: Ich kenne sie, und zwar sehr gut. Natürlich aus meiner Turniertanz-Zeit und dem Musical-Studium. Aber auch aus anderen Situationen. Vielleicht hast du dir schon zigmal, so wie ich, vom Kopf her gesagt: „Das ist völlig normal. Ist nicht so wichtig." Doch das bedeutet nicht, dass wir diese Angst, diese Blockade, einfach ablegen können wie ein verschwitztes T-Shirt.

Warum bloß nicht? Es geht dabei um mehr. Um Urängste: Wir zeigen uns offen und sehr persönlich, wenn wir tanzen. Geben den Blick auf ein Stück unserer Seele frei. Gehen möglicherweise auf Tuchfühlung. Kommen uns und anderen nah. Manchmal sehr nah. Eine gewisse Art von Intimität kann entstehen. Mit dem Risiko, Ablehnung zu erfahren, jemandem oder auch uns selbst nicht zu gefallen. Mit unseren ganz eigenen Bewegungen. Mit unserer Art, wie wir uns zeigen und ausdrücken. Wir offenbaren beim Tanzen unsere Persönlichkeit. Machen uns quasi nackig, schutzlos. Liegen, stehen da, verletzlich und offen. Fast intim. Lassen andere in unser Herz gucken.

Wie also damit umgehen? Was hat mir geholfen, diese Angst hinter mir zu lassen? Ihr die Macht über mich zu entziehen? Zum einen die Konzentration auf meine Freude beim Tanzen und das Vertrauen, dass ich dann diese Freude auch ausstrahle. Und sehr geholfen hat mir diese Erkenntnis und Überzeugung: „Es gibt keine Fehler, nur Kreationen." Ich liebe diesen Satz, den ich von meiner großartigen NIA-Ausbilderin und Freundin Ann Christiansen[15] gelernt habe. Er war für mich eine Offenbarung. Ich habe ihn mir schon unzählige Male gesagt. Und mindestens genauso oft weitergegeben in meinen Kursen. Und jetzt sage ich ihn dir: „Es gibt keine Fehler, sondern nur Kreationen." Das heißt: Erkenne an, wenn du tanzt, dann bist du mutig und kreativ. Du wagst dich auf einen neuen Weg. Den du so vielleicht noch nie gegangen bist. Ja, und der entsteht eben beim Gehen – also beim Tanzen. Dein Move entsteht beim Tanzen!

Erst, wenn du es machst, wenn du wirklich tanzt, spürst du, was sich gut anfühlt, welche Bewegung und Tanzart zu dir passt, deinem Körper guttut und welche nicht. Das kannst du noch so oft vorher durchdenken, es funktioniert letztendlich nur beim Machen, sprich beim Tanzen. Tanzen bedeutet: mutig sein. Dafür kannst du dich feiern! Stolz auf dich sein, dass du es wagst. Ja! Und sich zu vertanzen, ist nur dann ein „Vertanzen", wenn wir davon ausgehen, dass es ein absolutes „Richtig" oder „Falsch" gibt. Raus aus diesem Dogma!

Natürlich gibt es Tanzarten, wie etwa klassisches Ballett, Jazzdance oder Ballroom Dancing, Standard/Latein, bei denen es wichtig, gut und sinnvoll ist, „richtig oder falsch" zu erkennen und zu lernen. Tanztechniken zu kennen, also die Form zu trainieren: Wie setze ich meine Füße und Schritte richtig? Und warum? Wie bewege ich meine Körperteile am besten für den gewünschten Move oder Ausdruck? Wie ist der genaue Rhythmus und wie verlagere ich mein Gewicht am besten schnell und einfach, damit ich im Takt bleibe oder um die Kurve komme?

Klar, ja, da gibt es Richtig und Falsch.

Versteh mich bitte richtig: Wir brauchen diese Form, eine „gute" Technik sogar, um ohne Verletzungen zu tanzen und durch die Form die Freiheit zu erleben, unseren Tanz so richtig genießen zu können.

Erst, wenn du es machst, wenn du wirklich tanzt, spürst du, was sich gut anfühlt, welche Bewegung und Tanzart zu dir passt, deinem Körper guttut und welche nicht.

Wie in anderen Sportarten auch, beispielsweise beim Skifahren: Erst, wenn ich weiß, wie ich die Ski richtig zueinander stellen und mein Gewicht verlagern muss, erst dann breche ich mir nicht die Haxen, komm auch schwarze Pisten runter und hab richtig Spaß dabei. Wenn ich sage, es gibt keine Fehler, nur Kreationen, dann spreche ich vor allem von freiem Tanzen und von der inneren Haltung, sich von Druck und ausschließlichem „das tanzt man nur so" zu befreien.

Es kommt auf die innere Einstellung an. Wenn du bei einem Tanz im Kopf hast: „so oder gar nicht", dann unterliegst du einer Vorstellung, wie dein Ausdruck und deine Bewegung aussehen müssen. Das kann ein tolles, erstrebenswertes Ziel sein. Die Technik zu lernen, sie zu beherrschen. Es kann dich aber auch geißeln, wenn du dich ihm unterjochst. Nimmst du es als positiven Ansporn, technisch exzellent zu werden, gut! Nimmst du es als erdrückendes Dogma, nicht so gut. Also: Wie ist das bei dir? Es geht mir um diese freie Wahlmöglichkeit, um deine Entscheidung.

Es gibt Tanzarten, da tanzen wir ganz frei, ohne Vorgaben an bestimmte „richtige" Schrittfolgen. So wie etwa Soul Motion, Contemporary oder Gaga Dance. Da gibt es quasi kein „Vertanzen". Und dann gibt es andere Tanzstile mit klaren Schrittfolgen und Choreografien, wie etwa Standard/Latein, Jazzdance. Oder auch beim NIA, da ist es eine Mischung. Beide Tanzrichtungen haben ihre Berechtigung und ihren Charme. Wir wählen, was uns gefällt. Ich mag beides. Jedes zu seiner Zeit.

> Derselbe Move sieht bei jedem Menschen ein Stück weit anders aus. Du machst ihn auf deine Weise. Du tanzt in deinem Stil. Und weißt du was? DAS sieht dann richtig cool aus. Warum? Weil dein Tanz dann aus der Entspannung heraus, aus deiner Freude entstanden ist.

Ein Beispiel: Mal angenommen, du und ich tanzen in einer NIA-Stunde in einer Gruppe, ohne Partner. Es gibt eine Trainerin, die eine einfache Schrittfolge vortanzt, eine Choreographie, wir nennen sie im NIA „Routine". Die ist ein Angebot. Die Trainerin tanzt vor, wir mit. Im Grunde sehe und weiß ich, wie die Schritte gehen oder vielleicht lerne ich sie auch gerade. Tanzen kann ich ja grundsätzlich. DU AUCH! Du erinnerst dich?! Jetzt möchte ich diese Abfolge von Schritten noch klarer draufhaben. Da passiert es: Ich „vertanze" mich. Uuups! Mache den Schritt, die Abfolge anders als die Trainerin. Dann kommt meine Erkenntnis: „Huch. Aha! Das war anders! Interessant." Und hoffentlich gleich darauf: „Ja! Das ist kein Fehler! Das ist meine Kreation! Wie spannend." Ich bemerke es und habe die Wahl: mich zu ärgern oder eben nicht. Ich kann mich sogar darüber freuen, lachen über meine Kreation, meinen kreativen Körper. Nicht im Sinne von Auslachen! Sondern im Sinne von: Ich wähle Freude über meine tollen Moves, die mein Gehirn sich so zurechtbastelt. Mein Lachen darüber macht's leicht.

„Vertanzer" leicht nehmen, als tolle Kreationen, ist eine große Befreiung. Mögliche Blockaden durch „ach menno, hab mich vertanzt … wie peinlich" sind weg. Der Weg ist frei, ich kann die Moves „lernen", übernehmen, nachtanzen und ausprobieren, wie ich sie umsetzen möchte. Wie mein Körper sie tanzt. Wie es sich für mich gut anfühlt. Als Inspiration. Also: Take it easy! Aufstehen, Krone richten, weitertanzen. In deinem Tempo. So wie dein Körper es braucht und du es willst. Bleib stoisch mit deinem Fokus bei Schlüssel Nr. 1 – der Freude an der Bewegung.

Ich gehe sogar noch weiter: Viele wollen beim Tanzen gerne andere, besonders die Trainer:innen, in ihren coolen Moves und Bewegungen kopieren. „Das sieht so toll aus bei ihr/ihm. Das will ich auch können." Sie hecheln hinterher, brechen sich dabei fast die Gräten. Stop it! Raus aus der Hetze und dem Kopieren. Das funktioniert nicht. Jedenfalls so nicht. Das wird nie genau gleich aussehen. Derselbe Move sieht bei jedem Menschen ein Stück weit anders aus. Du machst ihn auf deine Weise. Du tanzt in deinem Stil. Und weißt du was? DAS sieht dann richtig cool aus. Warum? Weil dein Tanz dann aus der Entspannung heraus, aus deiner Freude entstanden ist. Deine Einzigartigkeit wird sichtbar. Deine Zweifel und Ängste lösen sich auf. Klasse! Du siehst es selbst im Spiegel des Tanzsaals und wirst es auch als Kompliment von den anderen hören: „Du tanzt einfach toll! Das sieht so schön aus bei dir! Wie machst du das nur?" Tja.

„Vertanzen" ist das beste Training fürs Leben!

Sich auf dem Danceflooor zu „vertanzen" und sich dann locker lächelnd zu „korrigieren" (interessant, was mein Gehirn da macht …), ist das perfekte Training, damit wir auch in alltäglichen Situationen viel gelassener sind und Selbstzweifel über Bord werfen. Immer dann, wenn wir das Gefühl haben, wir machen „Fehler", „vertanzen" uns in unserem Leben. Ich habe es in meinem eigenen Leben zigfach erlebt. Und sehe es laufend in meinen Coachings und Trainings. Jeder „Vertanzer" befreit dich von Selbstzweifeln! Du wirst immer sicherer und vertrauensvoller. Mutig, stark und experimentierfreudig.

Das immer wieder und wieder beim Tanzen physisch zu erfahren, stärkt dich extrem. Es ist dann nicht mehr nur ein vom Kopf her gesteuertes Überwinden einer Erfahrung, sondern eine erlebte, selbst erfühlte Überwindung. Mit jeder Zelle. So etwas bleibt ganz anders im Gedächtnis. Kognitionswissenschaftler:innen[16] nennen das Bewusstsein durch physische Interaktion, Embodiment. Die Folge: Sicherheit und Entspannung.

Die Angst vorm „Vertanzen" taucht vielleicht noch auf, aber sie hat immer weniger Macht über dich. Du kannst mit ihr umgehen. Beim Tanzen wie im alltäglichen Leben.

KEINE ANGST MEHR VORM VERTANZEN

Mir hat das Tanzen und das Training sehr viel Selbstsicherheit und Vertrauen in mich, meinen Körper und das Leben überhaupt geschenkt. Darauf, dass mein Körper richtig ist, und dass ich, so wie ich ticke, gut und richtig bin. Und dass ich in jeder Lebenssituation, egal wie sie aussehen mag (= „Vertanzen"), weiter weiß. Nicht vorher. Aber im Jetzt. In dem einen Moment. Und auch dann brauche ich immer nur den nächsten Schritt. Gewichtsverlagerung, you know? Ich habe gelernt, den Fokus immer nur auf den nächsten Schritt zu richten. Ansonsten würde ich stolpern.

Egal ob vor 2.000 Menschen beim Moderieren auf der Bühne im Estrel Congress Center/ECC, vor der Kamera im Tagesschau-Studio bei TS24 oder bei NDR-Visite. Auch beim Coaching mit wunderbaren Menschen und ihren komplexen persönlichen Herausforderungen und Fragestellungen. Und genauso im Straßenverkehr, wenn mir einer hinten draufgefahren ist. Wenn es in Beziehungen Unstimmigkeiten gibt oder mit meinen Kindern. Dafür bin ich sehr dankbar.

Jeder „Vertanzer" befreit dich von Selbstzweifeln! Du wirst immer sicherer und vertrauensvoller. Mutig, stark und experimentierfreudig.

Die Scham, sich zu zeigen

Ich erlebe das immer wieder in meinen Coachings und Tanzsessions und kenne es auch von mir selbst: Da ist diese doofe Angst davor, einfach anzufangen. Den ersten Schritt zu machen. „Vielleicht passt der ja nicht. Vielleicht stolpere ich, trete jemandem auf die Füße oder es sieht einfach bescheuert aus." Das sind Gedanken, die dich vom Tanzen abzuhalten versuchen. „Wer weiß, was für Bewegungen da aus meinem Körper rauskommen? Bin ich vielleicht total ‚bewegungsgestört'? Oder vertanze mich dauernd. Siehste, hab ich ja gesagt, ich kann nicht tanzen. Also versuch ich's lieber gar nicht erst." Das sind Sätze, die ich oft höre.

Da ist außerdem diese Unsicherheit, sich so zu bewegen, wie wir halt aussehen und sind. Wie unser Körper eben tanzt, wie wir von Natur aus geschaffen wurden. Zweifel, ob wir ok sind, so wie wir sind. Ob das, was beim Tanzen durch Gefühle und Musik aus uns herausbrechen könnte, das, was sich ganz natürlich durch uns zeigt, gut aussieht, richtig ist und ob man sich überhaupt einigermaßen tänzerisch bewegen kann.

Weißt du was? Das denken so viele Menschen! Kannst auch du weiterhin denken. Oder dir sagen: STOPP! Ich geh jetzt raus aus solchen Gedanken! Entscheide für dich: Schluss mit diesen Gedanken, dieser Bewertung und der ewigen Vergleicherei! Ab jetzt, statt Zweifel: „Sch…egal, ich tu es doch!" Du kannst deine Zweifel ehrlich auf den Tisch packen und sie verwandeln – in Sicherheit und Vertrauen. Ja, tatsächlich, das geht.

Ich verstehe diese Reaktionen und Gefühle. Ich weiß, was dahinterstecken kann – ich kenne das auch! Es ist ein Spiel aus Blockade und Sehnsucht: Zum einen kann sich eine Aufforderung zum Tanz wie ein Überfall anfühlen. Wie Zwang, etwas zeigen zu müssen. Gleichzeitig ist da dieser Wunsch, eine Sehnsucht, mittanzen zu wollen, mich auszutoben, mich neu zu spüren, mal alles rauszulassen. Dazuzugehören, in Resonanz mit anderen zu gehen, mich im Strom gleichförmig zu bewegen. Dabei aber eben nicht blöd aufzufallen. Und Schamgefühle will ich ja auch nicht haben, dafür, wie ich vielleicht wirke, mich bewege oder eben nicht bewege.

Diese beiden Blockaden, die Angst vorm Vertanzen und die Scham sich zu zeigen, versuchen immer mal wieder in verschiedener Form, die Oberhand zu gewinnen. Auch wenn kaum jemand es zugibt. Doch im stillen Kämmerlein ist das ein Thema, das viele, besonders Frauen, beschäftigt und quält. Manche sagen es in einem persönlichen Moment und auch die Körpersprache verrät viel. Zum Glück haben wir zwei große Sehnsüchte, die den Blockaden von Angst und Scham gegenüberstehen: die Lust, aus der Reihe zu tanzen, Fehler machen zu dürfen und so gesehen zu werden, wie wir sind – genau richtig, gut genug und wunderschön. Diesen Sehnsüchten dürfen wir folgen!

Tanzen, als ob keine:r zuschaut

Und wie kann man das hinbekommen? Wie geht das? Scham überwinden und sich einlassen, einfach befreit tanzen? So, dass uns im besten Sinne alles egal ist. Wir so tanzen, als ob niemand zuschauen würde.

Wer tanzt, zeigt sich, öffnet sein Herz und die Seele. Da ist es ganz verständlich und natürlich, sich am Anfang nicht ganz wohl zu fühlen oder sich sogar zu schämen. Als Erstes heißt es daher: akzeptieren. Das ist normal. Wir haben bei der neuen Erfahrung nicht die gewohnte Sicherheit des „Nicht-Gesehenwerdens". Wenn es heißt: „Deckung aufgegeben, ab auf den Dancefloor!", machen wir uns gefühlt nackig. Verletzlich. Angreifbar. Am Anfang haben wir meist noch nicht so viel Gespür für unsere Bewegungen, für unsere Wirkung oder für unseren Ausdruck. Wir können uns nicht mal an einem Sportgerät festklammern oder uns dahinter verstecken, wie bei anderen Sportarten. Im Gegenteil! Viele sagen beim Tanzen, wenn sie sich im Spiegel sehen: „Oh nein, wie seh ich denn aus? Das bin ich? Ich guck da nicht hin! Schon gar nicht in den Spiegel im Tanzsaal, den will ich nicht haben! Können wir das bitte ohne machen? Den zuhängen?" Ja, diese Reaktionen kommen oft und sind ganz normal. Ich habe sie zigfach erlebt.

> Viele sagen beim Tanzen, wenn sie sich im Spiegel sehen: „Oh nein, wie seh ich denn aus? Das bin ich? Ich guck da nicht hin!"

Dann passiert etwas ganz Tolles. Ich sage: „Nein, wir hängen den Spiegel NICHT zu. Schau doch mal, wie schön du bist!", „… mit all deinen Farben und deinen Narben hinter den Mauern ..." – Danke, Sarah Connor, für diese wundervolle, inspirierende Lied[16]!

Ich gucke in Gesichter, die nur darauf gewartet haben, dass jemand kommt, genau das sieht und sagt: „Du bist wunderschön." Frauen erfahren durchs Tanzen: „Du hast einen tollen, schönen, witzigen, coolen, interessanten, herrlichen Stil und Ausdruck beim Tanzen! Bist einzigartig. Und das darf jede:r sehen. Du selbst ganz besonders!" Die Reaktionen: „Ach? Wirklich?" Staunen, rote Wangen, verschämter Blick. Der Versuch einer Gegenrede. Dann Annehmen. Lächeln. Freude, Glück, Strahlen. Es ist so schön. Wenn wir uns trauen und erleben: Tanzen und sich auf die eigene Art bewegen, heißt Loslassen, Unbekanntes zulassen.

Etwa in den Spiegel gucken. Sich nicht an feste Schritte klammern. Sondern Schritte und Bewegungen einfach aus dem Bauch und den Füßen kommen lassen. Das bedeutet: Ich wage es, gebe die

Ich erlebe es immer wieder: Menschen verwandeln sich durchs Tanzen. Verändern ihr Selbst-Bewusstsein. Werden neu.

Kontrolle ab, vertraue und lass es fließen. Und dann kommt der Tanz mit der Freude und dem Gefühl von Freiheit. Ich habe dazu ein Bild für dich, das ich sehr liebe: Es ist wie beim Schmetterling, der in seiner ganzen Schönheit fliegt. „Obwohl" er früher eine Raupe war. Noch gar nicht wusste, dass er tatsächlich Flügel bekommt, als er nur kriechen konnte. Und warum konnte er sich verwandeln? Weil er es gewagt hat, sich zu verpuppen, das sichere, kontrollierte Kriechen aufzugeben. Er ist erstmal in die Starre, den Verpuppungszustand, gegangen. Musste sich das trauen. Hat aber sicher auch „geahnt", dass ihm gar nichts andere übrigbleibt, wenn er fliegen will. Er ist einfach seiner Natur gefolgt. Und nach der Verpuppung im Kokon wurde er befreit und belohnt: schlüpfen, die Flügel entfalten und frei fliegen. Als wunderschöner Schmetterling.

Du bist wie ein wunderschöner Schmetterling. Mit deinem freien Tanz. Du kannst fliegen. Du kannst tanzen, als ob niemand zuschaut. Mit deinem eigenen Ausdruck. Deiner Bewegung. Die Raupe warst du auch (ich auch). Und wenn wir uns doof fühlen, nicht tanzfähig, dann kann es sein, dass wir mal wieder im Raupen-Modus sind. Und weißt du was? Das macht nichts! Es ändert nichts an der Wahrheit, wer du bist. Denn du bist tatsächlich ein Schmetterling, der frei fliegen kann. Ich erlebe es immer wieder: Menschen verwandeln sich durchs Tanzen. Verändern ihr Selbst-Bewusstsein. Werden neu. Sie entdecken sich. Blühen auf. Entfalten sich. Von der Raupe zum schillernden Schmetterling.

Ja, klar, es ist ein Risiko, die Kontrolle abzugeben. Und es kann erstmal große Angst machen, in diesen gefühlt starren Zustand zu gehen, Unbekanntes zuzulassen. Das kann etwa bedeuten, beim freien Tanzen nicht vorgegebenen Schritten zu folgen, sondern auf eigene Bewegungsimpulse aus dem Körper zu warten. Zu vertrauen, dass sie kommen. Aber es lohnt sich!! Das Wunder geschieht: Der Schmetterling schlüpft. Breitet seine Flügel aus. Und fliegt! Tanzt. Du auch.

> Indem du Zweifel, Scham und Ängste eingestehst und dich damit konfrontierst, kannst du sie im Tanz überwinden und verwandeln.

Dabei gibt es in der Natur ein sehr interessantes Phänomen: Niemand darf einem Schmetterling beim Schlüpfen helfen, sonst stirbt er. Er muss sich allein aus dem Kokon befreien. In seiner Zeit. In seinem Tempo. Was bedeutet das auf dich und dein Tanzen übertragen? Der Schmetterling schlüpft, wie er will. Du tanzt, wie DU willst. In deiner Zeit, deinem Tempo, auf deine Art. Das macht dich stark und frei.

Wenn du dir „helfen" lässt, nutze Angebote für deine Entfaltung. Du kannst Dance-Classes nehmen, einen Kurs buchen, mit oder ohne Partner:in, je nach Tanzart. Dazu kommen wir noch. Schau ab S. 97. Dir Schrittfolgen, Moves zeigen lassen, Bücher lesen, Videos schauen, Bewegungen erforschen, üben, tanzen. Das Entscheidende dabei: Wir alle haben unseren ganz individuellen Weg, unsere Wünsche, wie wir uns bewegen wollen, was sich gut anfühlt beim Tanzen, welche Bewegungen und Tanzarten uns gefallen. Das kannst du für dich ausprobieren, herausfinden, entwickeln. Das ist, wie sich allein aus dem Kokon zu wühlen. Um dich in voller Power und Schönheit zu entfalten, deine Flügel auszubreiten und zu fliegen!

Tanz ist die physische Erfahrung, dich zu befreien. Sinnbildlich diese Hülle, den engen, limitierenden Kokon abzuwerfen. Bist du also aus dem Kokon geschlüpft, dann beginnst du zu tanzen. Hast Zweifel und Ängste hinter dir gelassen. Bist frei. Indem du Zweifel, Scham und Ängste eingestehst und dich damit konfrontierst, kannst du sie im Tanz überwinden und verwandeln. Dazu mein Tipp: Beginne, dich vorzutasten, quasi zu kriechen, wie eine Raupe. Im wahrsten Sinne des Wortes Schritt für Schritt – vier Schritte sind es.

Die vier Schritte zum Zweifels-frei-Tanzen

Schritt 1: Raus aus der Dramaecke

Sich selbst einzugestehen, dass da vielleicht so etwas ist wie ein Gefühl von Scham, Angst, Zweifeln. „Ich glaub, ich bin nicht schön, sondern hässlich." Oder: „Ich check die Schritte nie, hab zwei linke Füße, bin zu langsam." Vielleicht auch: „Ich seh bestimmt voll peinlich aus." Sich solche Gedanken einzugestehen ist der Game Changer. Wir können sie aus der Dramaecke holen, annehmen, und ihnen so die Macht über uns entziehen.

....

Schritt 2: Ehrlich und offen

Noch einfacher wird es, wenn wir Zweifel oder Ängste klar benennen. Sie schlicht aussprechen: etwa einer guten Freundin, deinem/r Mann/Frau oder Tanzpartner:in gegenüber. Trau dich! Du wirst feststellen: Das ist zum einen supersympathisch. Zum anderen hörst du vielleicht: „Geht mir auch so!" Du befindest dich in guter Gesellschaft. Beruhigend. Und das Bekenntnis befreit! Setzt Leichtigkeit frei. Du entziehst Ängsten und Zweifeln ihren Einfluss, indem du sie aussprichst. Weigere dich einfach, weiter über sie nachzugrübeln! Glaube daran: Du kannst sie hinter dir lassen. Auch, wenn du noch nicht weißt, wie.

....

Schritt 3: Peinlich war gestern

Kläre auch, ob die Scham, Angst und Zweifel überhaupt zu dir gehören. Vielleicht sind sie gar nicht deine eigenen. Sondern jemand hat sie dir aufgedrückt. Vielleicht war dein freies Tanzen, dein dich Drauflosbewegen in der Kindheit bereits da. Es wurde aber verboten, kritisiert oder jemand hat darüber gelacht. Es war vielleicht deinen Eltern peinlich oder der Person, die dich maßregeln wollte. Es war ihre Scham, nicht deine. Dieser Mensch hat sich nicht getraut zu tanzen. Schade. Du schon. Und wie! Du hast schon damals ganz sicher wundervoll frei getanzt. Höchste Zeit, dir das zurückzuerobern! Machen wir.

....

Schritt 4: Lostanzen und dranbeleiben

Es ist Zeit, wieder draufloszutoben und die Röcke zu schwingen. Zu tanzen. Loszugehen in den Tanzkurs, die Dance Class oder zu Hause im Wohnzimmer zu starten. Und dann: Die Verpuppung aushalten! Sprich: Zunächst dich anzumelden, dann dich zu überwinden und auch hinzugehen. Es tun. Ja, tanzen. Blicke oder Gedanken aushalten. Dich nicht irritieren lassen von Gedanken wie: „Oh, ne … alle gucken jetzt auf mich! Oh, die sind ja viel weiter, können das schon. Guck mal, wie cool die mit dem Hintern wackelt! Bei mir sieht das nie so aus. Und den Schritt bekomm ich sowieso nicht hin." Inneres Blabla. Ich könnte das endlos weiterführen. Erspar ich dir und mir, dieses Verpuppungsgeflüster!

Mein Tipp: Leg los und schau dann, wie es sich danach anfühlt. Ob es Spaß macht, gemacht hat. Ob Ängste, Scham und Zweifel kleiner werden. Ob dir das Tanzen Kraft gibt, neuen Schwung und gute Laune beschert. Ja, da ist sie wieder: die Freude! Darauf kommt es an. Wie es sich anfühlt, das ist das Entscheidende beim Tanzen. Denn das, was wir fühlen, das drücken wir aus. Und vielleicht mag es am Anfang ein bisschen holprig aussehen, aber das ist erstens egal und zweitens verändert es sich.

Die Freude an der Bewegung, am Sichspüren, am persönlichen körperlichen Ausdruck, das ist der Sinn des Tanzens. Und deshalb wieder und immer wieder: Jede:r kann tanzen! Du auch. Ich bin gespannt auf deine Erfahrung mit dem Loslegen. Lass es mich gerne wissen!

ÜBUNG: Just do it ② – intensiver tanzen

Du kennst diese Übung schon vom Anfang des Buches. Jetzt lade ich dich ein, sie noch intensiver zu gestalten. Und zu schauen, ob sich durch das Lesen des Buches, durch die Übungen und deine Erfahrungen bei dir etwas bewegt. Zück auch gern dein Notizbuch, um dir deine positiven Entwicklungen aufzuschreiben.

Lass dich ein auf intensiven Tanz. Die Bewegungen finden dich! Wähle wieder einen deiner Lieblingssongs. Stell sicher, dass du Platz hast und ungestört bist. Musik an, Schuhe aus und los: Nimm Kontakt auf zu deinem Körper, deinen Füßen, dem Boden. Und zur Musik. Spür dich und die Impulse, die aus dir raus wollen. Wichtig: Streng dich nicht an! Lass die Bewegungen einfach kommen und beobachte diesmal, welche dir besonders viel Spaß machen. Davon mach mehr, gerne Wiederholungen und intensiviere sie, wenn du Lust hast. Wenn es sich gut anfühlt ... mach weiter. Du weißt.

Und jetzt erwarte und kreiere Bewegungen, die dir Freude machen. Die sich einfach ergeben. Spiel damit. Mit Tempo, Intensität und Varianzen in den Moves. Wechsle öfter. Hör in deinen Körper hinein, was er gerne tanzen will. Beobachte liebevoll, was dein Kopf steuern möchte. Vielleicht „erwischst" du ihn, wie er einen Move plant und denkt „Cool. Mag mein Körper sicher." Und dann merkst du: Stimmt gar nicht. Macht dir keinen Spaß. Finden Arme und Beine doof. Null Reaktion. Oder umgekehrt. Es kommt ein Move aus deinem Körper, dein Kopf denkt sich „Das ist bestimmt langweilig." Und dann ist es plötzlich ganz toll. Probier also Bewegungen aus, egal was dein Kopf dazu sagt. Tanz sie und intensiviere sie, wenn sie sich gut anfühlen. Davon gerne mehr!

Moves, die dir auch nach dem Ausprobieren keinen Spaß machen, lass sein. Warte ab. Vertrau deinem Körper, dass eine andere Bewegung kommt, die dir Freude macht. Lass zu, dass es sich vielleicht erstmal wie ne Lücke anfühlt. Dein Körper ist intelligent und weise, er zeigt dir die nächsten Bewegungen, die passen.

Wenn der Song vorbei ist, spür nach. Wie fühlst du dich jetzt? Entspannt? Hast du mehr Energie? Tat es dir gut? Auch wenn es nur ein bisschen mehr Energie und Freude ist, die du gewonnen hast – großartig. Wenn du Lust hast: Schreib in dein Tanznotizbuch, wie sich dein Tanzen jetzt anfühlt. Mach bewusst den Vergleich zu vorher. Und wie ist es beim nächsten Mal? Hat sich etwas verändert? Spürst du eine Ent-Wicklung? In dir? Beim Tanzen? Im Außen? Hat es Auswirkungen auf dein Leben? Deinen Alltag?

Ich finde solche Selbst-Beobachtungen bereichernd und motivierend. Egal, wie es ist: Gib nicht auf! Tanz wieder. Und wieder. Und wieder. Schau, was passiert. Also: kleine Forschungsreise mit dir selbst. Hin zu Freiheit und deinem Tanzen!

Lade dir die Übung herunter: S. 139

Tanzen ist sexy

In diesem Teil des Buches möchte ich dich, liebe Leserin, einladen, dich in deiner Weiblichkeit durch dein Tanzen intensiver und wahrhaftig kennenzulernen. Wie wäre das? Dich zu erinnern, zu re-connecten mit dir als Frau? Tanzen ist zutiefst weiblich. Frauen tanzen seit jeher auf der ganzen Welt und feiern damit ihr Frau-Sein, ihre Kraft, ihre Weisheit, ihren Körper, ihre Fruchtbarkeit, ihre Lebensfreude, ihre Liebe. Das Leben. Und ihre göttliche Weiblichkeit. Die Ur-Kraft, die sie trägt und die sie in sich tragen. Im Alltag haben wir Frauen die Verbindung dazu oft verloren. Tanzen kann dich (wieder) mit deiner weiblichen Ur-Kraft verbinden. Dabei ist es egal, ob du für dich und mit dir allein tanzt oder mit anderen. Paartanz oder frei solo.

Dein Tanzen ist ein Weg, deiner weiblichen Intuition zu vertrauen. Beim Tanzen kannst du sie stärker spüren, ihr Schritt für Schritt folgen. Mit jeder Bewegung tiefer erfahren, dass du richtig, genug und wundervoll bist, so wie du bist, du tolle Frau! Frei werden, frei sein. Von den eigenen inneren oder/und von den äußeren Erwartungen anderer. Du weißt und spürst immer klarer: „Ich bin ganz Frau. Pur. Weiblich." Dafür musst du nichts tun. Nur sein. Tanzen fördert das enorm. Es fordert von dir, ganz im Moment zu sein. Weiblich, wahrhaftig und wunderbar! Wild darf es auch sein, dieses „einfach so Sein". Muss es aber nicht. Starke Frauen mit einer großen Leidenschaft für das Leben tanzen einfach selbstbewusst feminin. Das kann leicht und spielerisch sein. Sinnlich, zart, weich und fließend. Oder auch akzentuiert mit Kraft, Power, Wildheit. Es gibt da kein Richtig oder Falsch.

Tanzen ist zutiefst weiblich.

Im Tanzen kannst du deine Weiblichkeit ganz selbstverständlich und selbstbewusst entdecken, feiern und genießen. Sie tanzen! Möchtest du das? Erfahren, wie du von innen heraus beim und durch Tanzen deine Weiblichkeit intensiver spüren, leben und genießen kannst? Deine feminine Stärke, dein Selbstbewusstsein als Frau und deine Leidenschaft? Deine einzigartige, wunderschöne, weibliche, erotische und sexy Ausstrahlung entdecken? Die erste, wichtigste Erkenntnis ist einfach und zugleich tief herausfordernd: Die Urkraft deiner Weiblichkeit ist bereits da, in dir. Und mit ihr all diese wundervollen, eben genannten Eigenschaften, die daraus erwachsen. Sich das bewusst zu machen, es anzunehmen, ist die Basis.

Vielleicht fragst du dich, warum du diese Kraft dann nicht (mehr) so stark spürst? Meine Beobachtung: Die Verbindung zu dieser Ur-Kraft ist bei vielen Frauen ein Stück weit stillgelegt. Insgesamt kämpfen viele Menschen, Frauen UND Männer, unbewusst damit, dass sie die Verbindung zu ihrer ganz persönlichen Körperwahrnehmung verloren haben. Sie wissen nicht, warum. Es ist so subtil, dass sie es gar nicht unbedingt merken. Die gute Nachricht ist: Diese intuitive Körperwahrnehmung ist nicht komplett verloren. Die Leitung zur Ur-Kraft ist nicht gekappt. Es gibt sie noch, sie ist von Natur aus eine Standleitung. Jederzeit re-aktivierbar. Durch Selbstliebe. Sie wartet darauf, wieder entdeckt, aktiviert zu werden. Frei-getanzt! Dazu braucht es diese Selbstliebe. Das gilt für Männer und Frauen. Unsere intuitive Ur-Kraft ist tief und untrennbar mit Liebe verknüpft. Als Allererstes mit unserer Selbstliebe. Da beginnt es.

Liebe dich also am besten als Erstes selbst. So wie du bist. Ja, ich weiß, das ist leicht gesagt und eine der größten Herausforderungen des Lebens überhaupt. Das kenne ich auch. Und durfte erfahren, bei mir und anderen: Tanzen kann da extrem helfen. Du kannst beim und durch Tanzen fühlen und erfahren, was für eine einzigartige, schöne Frau du bist. Was alles in dir steckt, von dem du gar nichts geahnt hast. Gerade auch, wenn du mit dir allein tanzt! Den Fokus voll bei dir hast. Beim Tanzen erlebst du, dich selbst wertzuschätzen. Innerlich und äußerlich zu dir zu stehen. Eine aufrechte Haltung zu haben. Für dich aufzustehen. Klar Position zu beziehen.

Unsere intuitive Ur-Kraft ist tief und untrennbar mit Liebe verknüpft. Als Allererstes mit unserer Selbstliebe.

ÜBUNG: Selbstliebe zum Wachsen

1) „Das mag ich an mir"

Sag mal ganz ehrlich und ohne lange zu überlegen: Welche drei Teile deines Körpers magst du? Findest du schön? Bitte ganz spontan aus dem Bauch heraus. Ohne zu bewerten und zu vergleichen. Bitte mindestens drei. Und die müssen keiner Norm entsprechen. Vielleicht findest du sogar mehr als drei? Gerne! Am besten: aufschreiben! Merken.

Dann spür hin, welche Gefühle sich in dir breit machen, wenn du dort hinspürst. Sie anschaust oder bewegst? Vielleicht ist es laute Freude, Jubeln, Stolz oder stille Zufriedenheit. Vielleicht auch Bewunderung, wie toll du vom lieben Gott geschaffen wurdest. Was auch immer: Hauptsache, ein gutes Gefühl. Schnapp dir dieses „Ich mag mich"-Gefühl und lass es sich ausbreiten. Suhle, aale dich darin. Wie ein Schweinchen im Dreck. Liebe es, nähre es. Indem du dich darauf konzentrierst, es spürst, verstärkst. Und wenn du magst, dann bewege diese Körperteile nun, ganz sanft und vorsichtig oder auch mit Power, alles ist erlaubt und gut. Tanze mit ihnen! Lass sie sich bewegen, tanzen, spiel damit und genieße es!

2) „Das mag ich nicht so an mir"

Dasselbe mache jetzt bitte mit ein bis drei Körperteilen, die du nicht so gerne magst, warum auch immer. Falls es sie gibt … Wenn nicht, super. Wenn doch: Welche sind es? Schreib sie auf. Ohne Details. Ohne Abwerten. Ohne Drama. Möglichst neutral. Und nun schau sie liebevoll an, wenn es dir möglich ist. Vielleicht kannst du von den schönen „Ich mag mich"-Gefühlen von eben ein bisschen an diese Regionen deines Körpers abgeben. Übertragen. Dort hinfließen lassen. Einfach durch eine Entscheidung. Ja, ok, mach ich. Hab ich im Überfluss.

Stell dir vor, du hast zu viel herrlich duftende Sonnencreme aus der Flasche in die Hand geschüttet (wer kennt das nicht?) und die verteilst du jetzt auf diese „nicht so schönen" Körperteile. Voller Liebe, Genuss und Dankbarkeit: „Danke, dass ihr da seid und funktioniert. Dass ihr für mich und meine Gesundheit arbeitet. Tag für Tag." Sei sicher: Da entsteht Gutes durch deine Aufmerksamkeit und Wertschätzung. Du stärkst deine Selbstliebe. Nährst deinen Körper und deine Weiblichkeit mit Akzeptanz und Selbstheilungskraft.

3) Stärkung der Selbstheilungskraft

Wenn du magst, dann bewege auch diese Körperteile jetzt. Tanze mit ihnen! Gib euch eine neue Chance. Vielleicht tanzt du ganz langsam, zärtlich, achtsam – oder mit Power? du spürst sie möglicherweise anders. Tanz einfach. Gib deinen Körperteilen Liebe und Aufmerksamkeit. Lass sie sich bewegen, spiel mit Moves, probiere aus, was dir in den Sinn kommt. Und genieße es. Es ist wieder eine Station deiner Tanzreise mit dir selbst. Wenn du magst, schreib dir auch diesmal deine Beobachtungen auf: Was verändert sich positiv? Hast du Insights? Was entwickelt sich für dich, in dir Gutes?

Lade dir die Übung herunter: S. 139

MEIN BAUCH UND ICH

Bei mir ist es zum Beispiel mein Bauch. Wir zwei haben so unsere Geschichte miteinander. Er hat schon viel für mich getan. Ich weiß das. Vier Schwangerschaften getragen. Dehnung bis zu 115 cm Umfang zugelassen und sich danach wieder zurückgebildet. Gewichtszunahme akzeptiert und enge Gürtel oder Kleider. Mein Bauch hat es echt verdient, gestreichelt zu werden. Wertschätzung zu erfahren. Wow, danke, was du da schon für mich getan hast, mein lieber Bauch. Und wenn ich dann tanze und ihn beim Hüftenkreisen anschaue und loslasse, bin ich tatsächlich auch stolz. Und spüre das. Genau wie die Dankbarkeit. Wichtig ist für mich, dass ich mich bewusst erinnere und entscheide: Ja, mein Bauch, du gehörst zu mir. So, wie du jetzt bist. Hast so viel schon für mich getan und unsere Kinder getragen. Neues Leben geschenkt. Wow. Danke. Ich bin dankbar. Froh und stolz. Dann trage ich ihn in seiner weiblichen Weichheit mit den Dehnungsstreifen rund um den Bauchnabel wie eine Trophäe. Ein Zeichen meines Lebensweges. Und eine Erinnerung daran, dass ich Mutter sein darf, einer meiner Lebensträume.

Und glaub nicht, mit einmal Erinnern ist der Drops gelutscht. Er kommt gerne mal wieder hoch, dieser Ruf aus meinem Bauch: „Hey, erinnere dich, Susanne! Los! Lieb mich, wertschätze mich, beweg mich mit Stolz und Freude." Ja, okay. Ich hab's kapiert. Und tu es einfach. Immer wieder neu. Im Alltag und wenn ich tanze.

Tanzen und Erotik

Tanzen empfinden viele als ein Sinnbild für die Liebe zwischen zwei Menschen, seelisch und körperlich. Für das „miteinander verschmelzen" dieser beiden Tanzenden. Tanzen wirkt für viele auch deshalb attraktiv und erotisch. Wer kennt nicht den Spruch: „Wie jemand tanzt, so liebt er oder sie auch." Schon allein beim Beobachten eines Tanzpaares fühlen sich viele daran erinnert, wird diese Sehnsucht nach Einheit der Körper und Seelen getriggert. Sex und Tanzen setzen manche Menschen in gewissem Sinne gleich. Diese Vorstellung regt die Phantasie an.

> Sexy, erotisch und attraktiv ist, wer Freude am Leben und an Bewegung hat, sich selbst liebt, lebendig ist und das auch ausstrahlt.

Dass Tanzen sehr erotisch sein kann, können wir beobachten und vor allem auch selbst erfahren. Das kann im Solotanz ganz für mich allein der Fall sein, genauso wie beim Paartanz „zusammen oder auseinander". Und klar, Tanzen kann sehr sexy und erotisch wirken. Doch erotische Ausstrahlung beim Tanzen hat etwas mit echtem Charisma zu tun. Mit wahrhaftiger, bewusster Weiblichkeit, die eine Frau lebt und feiert. Und zeigt. Die lässt sich nicht auf Knopfdruck „produzieren". Meiner Meinung nach ist jemand dann erotisch, wenn diese sexy Ausstrahlung wahrhaftig von innen kommt. Leicht, ohne die Absicht, erotisch wirken zu wollen, ohne Zweck. Sexy ist aus meiner Sicht, wer im allerbesten Sinne in sich selbst verliebt ist. Voller echter Selbstliebe steckt. Ohne Narzissmus. Sondern mit Lebensfreude! Lebensfreude und Selbstliebe sind wie Zwillingsschwestern.

Sexy, erotisch und attraktiv ist, wer Freude am Leben und an Bewegung hat, sich selbst liebt, lebendig ist und das auch ausstrahlt. Das ist die beste Voraussetzung für eine tolle, weibliche Ausstrahlung. Verbunden mit Tanzen heißt das: Beim Tanzen kommst du genau damit in Kontakt. Du bekommst einen neuen Zugang zu dir, spürst dich selbst mehr. Nimmst dich neu und anders wahr. Deine Selbstliebe wächst. Tanzen ist auch eine Reise zu dir selbst, zu deinem Kern. Als Frau. Als weibliches Wesen. Durch deine Moves, durch deine Bewegungen und umso mehr, je selbstbestimmter und freier sich diese aus dir entwickeln können, entsteht nach und nach eine neue tiefere Verbindung zu deinem Körper. Re-Connection zu deinem Frausein. Deiner Ur-Kraft und Weiblichkeit. Das geschieht von selbst. Und ist Balsam für unser Herz.

Tanzen schafft es, dass wir Frieden schließen mit dem eigenen Körper. Es hilft uns, dass wir uns mit unserem Körper, so wie er von der Natur geschaffen wurde, aussöhnen. Mit all den Themen rund um die Frage „Bin ich schöön …?" können wir beim Tanzen endlich Frieden schließen.

> Tanzen schafft es, dass wir Frieden schließen mit dem eigenen Körper. Es hilft uns, dass wir uns mit unserem Körper, so wie er von der Natur geschaffen wurde, aussöhnen.

Mit jedem Tanz ein bisschen mehr. Es kann Heilung entstehen, seelisch und körperlich, psychisch und physisch. Im eigenen Tempo. Im NIA nennen wir das „natural time." Natürliche Zeit. Es geht darum, ohne Druck und Zwang den eigenen Körper besser kennenzulernen, tiefer in Verbindung mit ihm zu kommen, zu sein und zu bleiben. Seine Sprache zu verstehen und ihn anzunehmen, so wie er „nun mal" ist. Mehr noch: ihm Gutes zu tun, ihn sogar zu lieben und Spaß mit ihm zu haben. Tanzen ist da eine wundervolle Möglichkeit. Tanzen ermöglicht, sich selbst und seinen Körper neu zu entdecken: „Huch, was erwartet mich da? Will ich das überhaupt? Wer weiß, was ich da entdecke?" Ja, es hat auch was davon: Neuland.

> Mit dem eigenen Körper zu tanzen wie mit einem Partner, kann sehr spannend sein. Eine echte Entdeckungsreise. Ein Abenteuer, das du nicht missen möchtest.

Wenn du solche Gedanken hast, hier mein Vorschlag: Sieh deinen Körper beim Tanzen als deinen besten Freund, deinen Partner an. Mit dem eigenen Körper zu tanzen wie mit einem Partner, kann sehr spannend sein. Eine echte Entdeckungsreise. Ein Abenteuer, das du nicht missen möchtest. Es kann ein Booster sein für eine tolle erotische Ausstrahlung, umwerfenden Sexappeal. Für Männer und Frauen.

Doch nicht wenige von uns haben da Blockaden. Themen, mit denen wir hadern, die uns davon abhalten, uns bewusst schön und herrlich sexy zu fühlen – als Frau so richtig weiblich. Viele sagen: wie eine Königin. Göttlich. Und das auch aus allen Poren ganz natürlich und selbstverständlich auszustrahlen.

Ich kenne wundervolle Frauen, die durch Tanzen viele ihrer „Probleme" gelöst haben. Die anfingen, ihre Brüste und ihren Po anders sehen zu können, zu akzeptieren, sogar schön zu finden. Durch das Schwingen der Hüften eine ganz andere Beziehung zu ihrem Becken und ihren weiblichen Hüften bekommen haben. Plötzlich so richtig Spaß hatten, ordentlich mit dem „Arsch" zu wackeln, weil sie erlebt haben, wie das ganz locker geht, ohne zu verkrampfen. Und dass es sogar erlaubt, gewünscht und gewollt ist in einer Dance Class. Ganz nebenbei schmelzen auch noch Pfunde. Durch Bewegung und Selbstliebe. Die wächst nämlich wie von selbst und der Körper wird damit genährt, anstatt mit Gummibärchen. Die brauchen diese Frauen dann nicht mehr.

Blockaden können uralte Themen sein, zum Beispiel:

- » Unzufriedenheit mit unserem Gewicht, zu viele oder zu wenige Kilos, Über- oder Untergewicht
- » Essstörungen
- » Körpergröße oder -form
- » Form oder Größe der Brüste oder des Pos
- » Form und Länge der Beine oder Füße
- » Zustand des Bauchs, zu dick, zu schlaff
- » Unsere gesamte Figur, die Rundungen, Proportionen, wie Muskeln, Fett und Sonstiges verteilt sind
- » Hautprobleme, sich nicht wohlfühlen in der eigenen Haut

SCHLUSS MIT GUMMIBÄRCHEN!

Ein interessantes Phänomen: Je mehr ich mich bewege und tanze, desto weniger esse ich. Dabei liebe ich gutes Essen! Ja, ich esse richtig gern. Aber was durchs Tanzen kein Thema mehr ist: Essen aus verstecktem Frust, aus Langeweile, aus Stress und als Liebesersatz. Und wenn ich mich bewege, dann möchte ich keinen vollen Bauch haben. Ich spüre auch viel besser, was mein Körper wirklich braucht, ob er wegen Stress oder wegen Hunger etwas essen will. Die Gummibärchen haben bei mir also schlechte Karten, wenn ich tanze.

Eine NIA-Teacher-Kollegin sagte einmal in einer Ausbildungs-Session: „My body is like a wild animal." Recht hat sie. Dieses „eigenständige, gefühlt andere, wilde Wesen" gilt es kennenzulernen, zu hegen und zu pflegen.

> Du bist schön, du bist herrlich sexy. Du spürst dich und die Freude, wenn du ganz unverkrampft tanzt.

Was kann eine blockierende Rolle spielen auf dem Weg zu mehr Weiblichkeit und Sexyness?

Zum Beispiel:

» Schmerzen jeder Art
» Chronische Krankheiten des Körpers oder der Seele und dadurch Einschränkungen im Alltag
» Traumatische Erlebnisse
» Akute oder frühere physische oder psychische Verletzungen
» Wenig Selbstliebe
» Alter, gefühlt fehlende Fitness oder Motivation
» Unschöne Erfahrungen mit Tanzen
» Hartnäckige Überzeugungen, z.B. „Ich kann nicht tanzen."

Jedes dieser Themen würde schon für sich mindestens ein ganzes Buch füllen. Um ihnen gerecht zu werden, reicht der Platz hier nicht aus. Aber so viel möchte ich sagen: In Jahrzehnten des Tanzens habe ich immer wieder erlebt und gesehen, dass sich solche Probleme durch Tanzen enorm verbessern können! Manche, etwa Schmerzen, verschwinden sogar.

Liebe Frauen, lasst uns bitte aufhören mit dem stillen Anklagen und Kritisieren unseres Körpers!

Tanzen aktiviert Selbstheilungskräfte und stärkt die Weiblichkeit

Dass Bewegung enormes Heilungspotenzial hat, ist wissenschaftlich bewiesen. Versteh mich bitte richtig: Es geht mir nicht um einen Therapieersatz. Sondern um das Sowohl-als-Auch. Tanzen zur Aktivierung der Selbstheilungskräfte, die wir in uns tragen. Wenn ich hier über Weiblichkeit beim und durch Tanzen schreibe, dann geht es mir darum, aufzuzeigen, welches Potenzial darin steckt, durch Tanzen glücklicher und gesünder zu leben. Die eigene Weiblichkeit tiefer zu entdecken und beglückend auszuleben, gehört dazu.

Wenn du dich und deinen eigenen Ausdruck beim Tanzen immer mehr entdeckst und wahrhaftige Lebensfreude empfindest, das ist die Krönung! Dieser Flow entsteht ganz natürlich aus dir.

Liebe Frauen, lasst uns bitte aufhören mit dem stillen Anklagen und Kritisieren unseres Körpers! Mit der Selbstverdammnis bezüglich unseres Verhaltens, mit dem Vergleichen unseres Aussehens oder unserer Leistung. Schluss mit Gefallenwollen. Schluss mit Konkurrenz. Schluss mit Zweifeln und Selbstanklagen, ob wir Frauen wohl schön und richtig sind! Mehr von: dich mit dir verbinden, dich annehmen, wie du bist, dich lieben, wie du bist. Dich feiern. Deine eigene Schönheit sehen und tanzen in deiner göttlichen Weiblichkeit. Tanzen bietet dir immer wieder die Chance, dich durch deinen Körper in neuer Dimension wahrzunehmen und zu erleben. Auch in deinem ganz persönlichen Ausdruck, wie genau dein Körper sich beim Tanzen natürlicherweise bewegt. Vielleicht stellst du fest: „Ach, so wackle ich also mit den Hüften – cool!" Und plötzlich fühlst du dich lebendig und frei. Entdeckst neue Bewegungsmöglichkeiten: „Aha, und so geht das mit dem Hüftschwung auch noch anders – wow!" Verbunden damit entdeckst du deine Gefühlswelt und Weiblichkeit ganz neu: „Fühlt sich super an! Hätt ich nie gedacht."

Tanzen ist Selbstliebe in Bewegung. So entsteht ein völlig neuer Zugang zu uns und unserem Körper. Es entsteht eine Aussöhnung und tiefere, gesündere Verbindung mit dem eigenen Körper, eine heilende Annahme – „I am, what I am".

Nur, wie kann es praktisch funktionieren, dass du deine Weiblichkeit noch klarer, intensiver entfaltest? Tanze! Just do it. Dafür brauchst du dein Ja! und Offenheit für dich und deine Weiblichkeit. Willst du das? Bist du bereit? Dann schnapp dir die Übungen hier und leg zu Hause los. Tanze einfach. Und lass die Selbstliebe dabei tiefer wachsen. Du musst nicht verstehen, wie es genau funktioniert. Du musst dich nur dafür entscheiden. Und dieses „Muss" ist als freiwilliges, gutes „Muss" im besten Sinne gemeint: offen sein für Neues. FÜR DICH. Vertraue. Glaube an dich und die Kraft der Selbstliebe. Beim Tanzen und im Alltag, so oft, wie du magst. Fühl dich rein in das „Ich nehm mich so an, wie ich bin. Mit meinem Körper. Mit meinen Gedanken. Mit meinen Fehlern." Und: Du musst dich dafür nicht anstrengen. Oder irgendetwas extra machen. Einen Kurs buchen. Total klar sein. Nein.

Du musst nur eines: ja sagen zu dir. Ohne Selbstoptimierungszwang. Auch wenn du Angst vorm Tanzen spürst. Mut ist, wenn wir etwas tun, obwohl wir Angst haben. Wir spüren die Angst, nehmen sie wahr. Aber sie beherrscht uns nicht. So ist das ja auch beim Tanzen: Dein Mut zum Tanzen knackt die Blockaden, sodass deine Weiblichkeit hervorkommen kann. Also: Entscheide dich für das Ja zu dir selbst. Und dann leg mutig los. Wie du ganz praktisch mit dem Tanzen starten kannst, liest du ausführlicher ab Seite 97. Tanze! Just do it. Du weißt ja schon: Jede:r kann tanzen. Auch du. Allein schon zu beginnen, sich ein bisschen nach der Musik zu bewegen, ist Tanzen.

Lade dir die Übung herunter: S. 139

ÜBUNG: Geh in den Empfangsmodus

Starte zu Hause, wie in den ersten Übungen (S. 14 und 18) beschrieben, einfach mit freiem Tanzen. Geh dabei in den Empfangsmodus. Tanze alle Moves, auf die du Lust hast, die dein Körper mag. Genieße es. Schreib in deinem Tanznotizbuch auf, was du mit dir Gutes erlebst und beobachtest.

Beobachte einfach, was da raus will aus dir, welche Impulse. Sei es Hüften wackeln, Beine hoch, weite ausladende Arme, Fingerschnipsen, schnelle Cha-Cha-Steps oder langsame vorsichtige Gehschritte. Das ist beim freien Tanzen wie bei gutem Sex: Du kannst (und willst) nichts erzwingen. Natürlich ist es gut, zu wissen, was du magst. Was dein Körper liebt. Aber dann hat er, dein Körper, letztlich seine eigenen Gesetze. Seine Natur. Im Zusammenspiel mit deiner Seele und deinem Geist. Wir sind einfach ein Gesamtkunstwerk. Das zeigt sich auch beim Tanzen. Sehr komplex. Und wundervoll. Wenn du dich und deinen eigenen Ausdruck beim Tanzen immer mehr entdeckst und wahrhaftige Lebensfreude empfindest, das ist die Krönung! Dieser Flow entsteht ganz natürlich aus dir. Aus dem, was du durch deinen Körper ausdrücken möchtest. Eben mit Worten nicht sagen willst oder kannst, dafür durch deinen Tanz. Und durch dein Dich-Bewegen bewegst du auch andere. Je wahrhaftiger du beim Tanzen bist, desto mehr berührst du andere Menschen. Du bewirkst etwas bei und in ihnen. Hast Ausdruck. Charisma. Dieses Strahlen. Bist sexy. Wundervoll weiblich. Leuchtend.

Sehr zu intensiverer Wahrnehmung der eigenen Weiblichkeit trägt auch bei, dass wir beim Tanzen alles so bewegen dürfen, wie wir es sonst im Alltag kaum tun. Der Klassiker: Becken kreisen. Hüfte nach rechts und links, vor und zurück. Schau dir dazu die Übung „Female Power" unten auf dieser Seite an. Rein organisch bewirkt das unter anderem, dass der gesamte Unterleib mit Vagina, Schamlippen, Klitoris und allen inneren Organen stärker durchblutet wird. Dass wir sie und uns als Frau intensiver spüren können und unsere sexuelle Lust anregen. Es entsteht eine stärkere innere Verbindung zu unserem weiblichen Körper. Und eine Stärkung unserer Weiblichkeit. Wie von selbst.

ÜBUNG: Let it Flow. Female Power

Stell dich bei den folgenden beiden Übungen hüftbreit hin, die Knie ein ganz bisschen gebeugt, also sehr entspannt, sodass du deine Hüften und Arme frei bewegen kannst, dabei sicher und gut verwurzelt stehst.

1) Sexy weiblich in Hüfte und Becken

Beginne ganz sanft, dein Becken kreisen zu lassen, am besten in beide Richtungen: mal links herum, mal rechts herum. Und wieder wechseln oder auch in alle vier Richtungen bewegen: Vor und zurück, rechts und links. Gerne auch diagonal, also auf einer gedachten liegenden Uhr die Hüfte auf ein Uhr und auf sieben Uhr, auf elf und fünf Uhr. Dann lass dein Becken wieder kreisen.

Spiel damit und beobachte, was diese Bewegungen in dir auslösen. Entspannt es dich? Fühlt sich das gut an? Dann mach weiter. Erhöhe oder verlangsame auch einmal dein Tempo etwas. Intensiviere das Kreisen, lass ganz locker, so wie es dir gefällt. Wackle auch gerne mit dem Po. Ladybump-mäßig. Rechts, links. Oder shake it. Deine Richtschnur ist dabei immer dein Gefühl, deine Freude.

Verkrampfst du eher? Dann verändere etwas, erforsche durch Ausprobieren, was sich besser anfühlt, und dann bleib dabei. Vielleicht das Tempo langsamer? Die Bewegungen kleiner? Erforsche und nimm an, ohne zu urteilen.

Wiederhole das Kreisen deines Beckens immer mal wieder in den nächsten Tagen, mit und ohne Musik, und schau was sich tut, was dir gefällt. Spüre dabei hin zu deinem Unterleib, deiner Vagina und deinem eigenen ganz persönlichen Gefühl von Weiblichkeit und Sexysein.

2) Sexy Schultershakes: Shimmys

Öffne die Arme seitlich, fast auf Schulterhöhe, ausgebreitet nach vorne. Jetzt kannst du deine Schultern abwechselnd rechts und links nach vorne bewegen. Als würdest du mit jedem Schultergelenk einen kleinen Ball nach vorne kicken. Am Anfang langsam, dann schneller. Dabei wackelt irgendwann dein Oberkörper, deine Brust, dein Busen. Manchmal fühlt es sich am Anfang komisch an, aber Shimmys haben wundervolle Effekte: Die Schultern entspannen sich, der Herzraum öffnet sich. Sehr weiblich und erotisch. Angenehme weitere Wirkung: Schulterverspannungen lockern sich.

Als ich diese Shimmys vor gut 20 Jahren das erste Mal machen sollte, wusste ich zunächst gar nicht, wie ich das

Lade dir die Übung herunter: S. 139

hinbekommen sollte. Ich war so fest in den Schultern, dass es nicht gelang. Heute sind Shimmys eine meiner Lieblingsbewegungen, machen total viel Spaß.

BAUCHTANZ

Auch Bauchtanz, also orientalischen Tanz, habe ich eine Zeitlang getanzt. Und zwar, als ich mit unserem zweiten Kind, Piet, schwanger war. Ich habe auch das sehr genossen. Es war wunderschön, eine ganze Stunde lang den Fokus auf dem Bauch und dem Becken zu haben, auf Po und Hüften, auf der eigenen Fruchtbarkeit, die schwanger ohnehin im Vordergrund stand. Aber der Effekt ist so oder so da. Ob schwanger oder nicht: Bauchtanz nährt auf besondere Weise unser Frau- und Sexysein. Schafft eine andere, neue Beziehung zum eigenen Bauch und Unterleib. Zu unserer Weiblichkeit. Ich bewundere sehr die Bewegungen dieser tanzenden, orientalischen Frauen. Wie beweglich, entspannt sie tanzen. Unfassbar, wie extrem sie ihr Becken isoliert bewegen können, ohne dass in der oberen Extremität viel wackelt, was nicht wackeln soll. Großartig.

Durch Tanzen, welche Art wir auch immer wählen, verbessert sich die Beziehung zum eigenen Körper und unserem Frau-Sein. Wir beginnen, unseren Bauch und unsere Kurven zu lieben. Oder auch die nicht oder an den vermeintlich „falschen" Stellen vorhandenen Rundungen. Das alles wirkt sich positiv auf unsere Sexualität aus. Das beim Tanz quasi automatisch integrierte Training des Beckenbodens kann die Orgasmusfähigkeit und die Möglichkeiten sich zu entspannen verbessern. Dazu kommt, dass wir beim Tanzen gut entspannen können, Stress abbauen und die Glückshormone tanzen lassen. Sorgt alles in allem für eine gesunde Libido, mehr Lust auf Sex, mehr Freude und Weiblichkeit.

Also: Losgehen. Lostanzen. Loslassen. Dann kommt es zum Vorschein. Wieder und wieder. Mehr und mehr. Öfter und öfter. Die Magie des Moments. Deine Weiblichkeit. Deine Ausstrahlung. Dein Sexysein. Nicht tun als ob. Nein. Du bist es einfach. Völlig unabhängig von deiner Sexualität. Aber eben vergleichbar mit Sex: Du fakst keinen Höhepunkt. Du hast ihn. Und was für einen. Oder mehrere. Sichtbar. Das strahlst du aus. Ob du willst oder nicht. Du hast dann diesen Glow. Dieses Leuchten. Du bist dann sexy, weiblich, erotisch. Authentisch, wahrhaftig, wenn es tatsächlich aus deinem Inneren kommt. Mit Freude und Leichtigkeit.

Tanz mit deiner Stimme: Sounding

Auch deine Stimme ist ein wundervolles Werkzeug, um dein Tanzen zu bereichern. Im NIA nennen wir es „Sounding." Das heißt, ich kann meine Bewegung mit meiner Stimme, mit einem Wort oder Laut verstärken und untermalen. Ähnlich wie im Kampfsport. Mit dem Ziel, das eigene Selbstbewusstsein zu stärken, sich der eigenen Kraft klarer zu werden und das nicht nur vom Verstand her, sondern körperlich erfahrbar. Der Sound kann zum Beispiel ein lautes oder auch erstmal leises „Ja!" oder „Nein!" sein oder einfach ein „Ahhh!" oder „Ha!". Oder auch ein tiefes, erleichterndes Stöhnen, einfach mal die Luft rauslassen. Alles abladen mit dem Ausatmen. Die Spannung abbauen. Oder aufbauen, wenn du neu ansetzt zu einem mit Power rausgehauenen „Haaaaa." Kann echt befreiend sein. Du kannst es ausprobieren! Hast du Lust?

ÜBUNG: Sounding

1) Die Powervariante:

Stell dich hüftbreit hin, sicherer Stand, die Knie leicht gebeugt. Die Arme angewinkelt, mit leichtem Druck an den Oberkörper. Und dann setze mit deinem Arm einen Punsh, eine Boxbewegung nach vorne: Balle eine Faust und boxe nach vorne, lasse den Arm kurz und kraftvoll rausschnellen, als ob du eine Boxbirne treffen willst. Und dabei setze deine Stimme ein! „Ja!", „Nein!" oder „Ha!" – was du magst. So laut und powervoll wie du magst. Spiel damit, probiere aus, wie es sich anfühlt. Fokussiere dich innerlich auf Verteidigung, nicht auf Angriff. Spann deinen Körper in einer Grundhaltung leicht an, konzentriere dich auf die Box-Bewegung, dein Zwerchfell wird trainiert. Du kannst zunächst auch nur mit dem Atem arbeiten und ihn hörbar, aber nicht zu laut ausstoßen, oder die Worte leiser, ohne Druck, rauslassen.

2) Die softere, entspannende Atemvariante:

Stell dich aufrecht hin, strecke dich nach oben, Arme weit hoch, und dann lass dich, deine Arme, den ganzen Oberkörper fallen Richtung Boden. Das Ganze mit einem großen Seufzer oder Stöhner der Erleichterung und des Loslassens, als ob du Ballast abfallen lässt. Ein riesiger entspannender Ausatmer. Lass deinen Atem so richtig los. Das Ganze auch gerne mit Stöhnen. Wie fühlt sich das an für dich? Was tut dir gut? Erleichtert oder energetisiert es dich? Was macht Spaß? Schreib es auf!

⬇ Lade dir die Übung herunter: S. 139

Die Stimme bei der Bewegung mit erklingen zu lassen, dieses Zulassen von hörbarem Ausatmen, Stöhnen, Brüllen, Schreien, kann viele positive Effekte bringen: Erleichterung, Entspannung und Vertrauen. Kraft, Power und Mut, die Stimme für sich selbst zu erheben, für sich einzustehen, Grenzen zu setzen und klar zu äußern, was man will. Selbstwahrnehmung, Selbstbewusstsein und Selbstwirksamkeit. Im Tanz wie im Leben. Wenn du Lust hast, spiel damit, bau es mit ein in deinen Tanz.

Ich erlebe immer wieder in Tanzsessions, als Teacher oder Teilnehmende, dass Menschen Sounding zunächst total komisch finden. Gerade Frauen scheuen sich manchmal, ihre Stimme zu erheben. Wenn sie sich dann trauen, gewinnen sie durch das Training so an Stärke! Wachsen über sich hinaus, wenn sie sich überwunden haben. Yes!! Also bei einem Kick mit dem Bein oder Punsh mit dem Arm einfach mal „Jaaa!" brüllen – wie wär's? Tut total gut. Und hilft enorm, im Leben „Ja" oder „Nein" zu sagen.

> Spüre, wie gut es sich anfühlen kann, diese Stöhner, Seufzer, Schreie zuzulassen.

Führen und Führenlassen

Freier Tanz allein oder mit anderen ist eine Sache. Paartanz oder in einer Gruppe zu tanzen eine andere. Es entsteht diese ganz besondere Verbindung zwischen den Menschen. Mehr darüber findest du ab Seite 118. Hier möchte ich auf das Thema Führen und Führenlassen eingehen. Welche Position magst du?

1. **SOLO:** Allein mit dir und für dich. Da kannst du dich ganz auf dich konzentrieren. Bist dein:e eigene:r Partner:in. Geht auch in Kombi mit einer Gruppe. Ideal, wenn du Raum für dich brauchst.

2. **PAAR:** Du tanzt zusammen mit jemandem, also zu zweit als Paar. Da bist du nicht mehr nur auf dich allein fokussiert, sondern auch sehr auf deine:n Partner:in. Meist besteht das Paar aus Mann und Frau. Aber nicht immer: Es gibt Tänze, etwa Tango Argentino, da tanzen auch Frauen mit Frauen und Männer mit Männern. Das kann spannend sein.

3. **GRUPPE:** Gerade beim freien Tanzen gibt es oft Gruppen. Ohne feste Partner:innen. Frei, alle tanzen mit allen. Frei offen, querbeet. Oder mit Vortänzer:in. Phasisch wechselt die „Tanzbezugsperson". Das ist für manche ungewohnt, hat aber seinen Reiz. Es schenkt Freiheit, Abwechslung und Flexibilität.

Bei der Paarvariante geht's auch darum: Wer führt? Wer folgt? Wer ist Leader:in, wer Follower:in? Beim klassischem Ballroom-Paartanz Standard/Latein sind die Rollen von Leader:in und Follower:in klar verteilt: Der Mann führt, die Frau folgt. Es gibt aber auch Tanzrichtungen, bei denen die Frau führen kann, wenn sie möchte: etwa Tango Argentino oder Swingtänze wie Lindy Hop. Da wird fröhlich gewechselt. Mal ist der Mann der Führende und die Frau Followerin. Mal ist es andersherum. Dann ist sie die Leaderin und der Mann Follower. Eine tolle, interessante Erfahrung. Gerade, wenn Frauen es nicht so gewohnt sind, „Bestimmerin" zu sein, die Führung zu übernehmen. Und ich meine hier jetzt bewusst das Ausleben von „männlich-bestimmenden" Qualitäten. Da ist Tanzen ein super Training!

Also: Frauen, traut euch, auch mal zu führen!

Egal bei welcher Tanzart: Tanz ist immer eine Partnerschaft auf Augenhöhe. Leader:in und Follower:in, egal welchen Geschlechts, bilden ein Team. Gleichberechtigt. Und nur, wenn sie sich gut ergänzen, harmonieren sie auch. Nur dann funktioniert der Tanz wirklich. Es ist wie im Leben oder Beruf: Führung kann nur gelingen, wenn sie erstens sehr klar ist, der/die Leader:in eindeutig, wertschätzend und respektvoll führt, also den Job gut macht. Und zweitens, wenn der/die Follower:in sich sicher fühlt durch die Art der Führung. Wenn Vertrauen da ist. Das muss sich der/die Leader:in erarbeiten und verdienen! Er/sie geht mit dem Leadership eine Verpflichtung ein: gut, klar und respektvoll zu führen. Die Position der Followerin muss vom Leader geehrt werden. Genauso umgekehrt. Beiderseitige Wertschätzung und Respekt sind extrem wichtig – ganz besonders auch wegen der körperlichen Nähe.

> **Führen und sich führen lassen ist eine Kunst – im Leben wie beim Tanzen. Ein Mega-Training fürs Leben und für gutes Leadership.**

Und natürlich trägt der/die Follower:in seinen/ihren Teil dazu bei, dass die Führung gut läuft: etwa dadurch, wirklich zu vertrauen und zuzulassen, geführt zu werden. Der/die Folgende kann den/die Führende:n auch animieren, bestimmte Figuren zu tanzen. Vor allem, wenn die Körperhaltung des Paares etwas lockerer und offener ist, wie beim Discofox, und die Folgen von Figuren und Schritten eher aus dem Moment improvisiert werden.

Mich hat einmal jemand gefragt: „Geht Paartanz nur, wenn eine:r führt?" Eine gute und komplexe Frage. Die Antwort lautet: ja und nein. Ja, auf jeden Fall beim klassischen Paartanz mit festen Folgen. Da braucht es eindeutige Führung. Ein bisschen nein, wenn das Paar offen und freier tanzt. Ein großes Thema mit viel Luft nach oben. Herrlich!

Führen und sich führen lassen ist eine Kunst – im Leben wie beim Tanzen. Ein Mega-Training fürs Leben und für gutes Leadership. Beim klassischen Paartanz, bei Standard- oder lateinamerikanischen Tänzen wie langsamer Walzer, Cha-Cha-Cha, Rumba oder Jive, auch Salsa und Bachata, führt meistens der Mann. Das fordert und fördert automatisch das

Selbstverständnis von Frauen und Männern in der traditionellen Form. Der Mann wird gestärkt und wächst in seiner Männlichkeit: durch aktives Vorangehen „müssen" und „bestimmen". Aber bitte als Gentleman! Also wertschätzend und respektvoll der Dame den Raum zur Entfaltung geben. Vertrauen und feiern, dass und wie sie darin ihre Weiblichkeit und Power auslebt. Die Frauen wachsen in ihrer Weiblichkeit durch Abwarten „müssen", Empfangen und Folgen. Aber bitte als starke, sanfte Powerfrau und Lady! Als Königin, die empfängt und sich in diesem Raum, den ihr Tanzpartner anbietet, entfaltet, auf ihre Weise mit großem weiblichem Selbstbewusstsein!

Die traditionelle männliche Führung beim Tanzen bedeutet keinesfalls, dass Männer überlegen sind und die Frauen unterlegen oder gar abhängig von ihnen. Im Gegenteil. Der Mann ist genauso „abhängig" von der Frau. Denn wenn sie nicht auf ihn und seinen Lead reagiert, weil er keine klare Führung zustande bringt oder die Frau nicht wertschätzt, ihr keinen Raum gibt, dann sieht er echt alt aus. Und kann einpacken. Es ist ein wechselseitiges, liebe- und respektvolles Miteinander gefragt, ein gemeinsames Wachsen und Tanzen.

Es ist ein Stück weit wie im Leben: Wenn ein Partner dem anderen vertraut und Freiraum gibt, dann kann der/die andere sich wirklich voll entfalten. Und wenn es super läuft im Tanz, genau wie im Leben, ist es immer ein sich ergänzendes Zusammenspiel beider Partner. Beide brauchen ihren Raum und nutzen ihre „Rolle" beim Tanzen, also Führen oder Folgen. Bist du Follower:in, dann zeig deinem führenden Tanzpartner unbedingt, welchen Raum du dir wünschst und was du brauchst. Lass dich auf keinen Fall einengen. Du kannst respektvoll und wertschätzend sagen, wie du Moves, Schritte oder Bewegungen empfindest, wie du sie gerne tanzen würdest, was du fühlst und ausdrücken möchtest. Du bist als Follower:in wie ein Spiegel für den/die Leader:in. Sei dir dessen selbst bewusst.

Frauen, traut euch zu führen!

FÜHRUNG ÜBERNEHMEN – ODER MAL NICHTS MACHEN

Ich habe diese Zusammenhänge auch als sehr lustige Erfahrung erlebt. Gerade weil ich eine aktive Frau bin, die gerne mal die Führung übernimmt. Beim klassischen Paartanz ein No-Go – ja, ich weiß. So durfte ich also beim Tango Argentino lernen (und wollte es auch ganz bewusst!): „Ach, ich mach einfach mal gar nichts? Und was, wenn er nicht in die Puschen kommt?" Bekomme ich von ihm keine klaren Signale in der Körpersprache für eine bestimmte Figur oder gewisse Schritte, also keine eindeutige Führung, dann folge ich auch nicht, reagiere nicht oder nur mit den nötigsten Schritten! Das war die klare Ansage des argentinischen Tanzlehrers. Daran musste ich mich gewöhnen. Ich habe bei eher führungsschwächeren Tanzpartnern leicht die Geduld verloren oder einen Korb gegeben. Bei erfahrenen, eher führungsstarken Tanzpartnern dagegen genieße ich es, mich führen zu lassen.

Was ich bisher in keiner anderen Tanzart so gefunden habe: Beim Tango Argentino tanzt die/der Follower:in, meist eine Frau, oft mit geschlossenen Augen. Im Grunde blind. Die führende Person, meist ein Mann, tanzt die Schritte nicht nach starren Folgen, sondern aus dem Moment und der Bewegung heraus. Der/die Follower:in weiß nicht, was kommt, konzentriert sich voll auf die Führung und lässt sich in dieser im Grunde komplett fallen. Erspürt, erfühlt, was der/die Leader:in möchte.

Mir persönlich, als im Alltagsleben aktive Frau, fiel es zunächst gar nicht so leicht, auch diese „blinde" Führung zuzulassen. Doch ich habe gelernt: Es ist eine ganz tolle Erfahrung. Ich konnte mich bei meinem Tanzpartner Wange an Wange tatsächlich entspannen und habe es genossen, mich von ihm führen zu lassen. Meinem Gespür voll zu vertrauen. Quasi blind wahrzunehmen – nicht zu sehen –, welche Bewegungen er machen möchte, wohin er mich führt. Dadurch haben sich die anderen Sinne verstärkt, besonders das Fühlen, und es wuchs die sichere innere Gewissheit: Ich vertraue, bin geführt und geschützt vor Zusammenstößen mit anderen Tanzpaaren. Mein Tanzpartner hat das im Blick. Mein Job ist „blindes Vertrauen" in ihn und unseren Tanz, in meine eigene Wahrnehmung und meine Bewegungen. Eine spannende, interessante und manchmal auch herausfordernde Erfahrung!

Seelisches und körperliches Wachstum

Ja, wir wachsen durch das Tanzen. Seelisch, innerlich ist das möglich durch Persönlichkeitsentwicklung, die durchs Tanzen angeregt wird. Und körperlich wachsen wir durch die physische Aufrichtung, die stattfindet – das ist wirklich möglich, wenn auch in einem nicht so großem Maße. Es liegt an der Haltung: Wenn wir tanzen, dabei schön die Wirbelsäule strecken und unsere Muskeln ordentlich arbeiten lassen, dann halten diese den Körper gut aufrecht. Es lastet nicht mehr so viel Druck auf den Bandscheiben. Die haben dann mehr Platz zwischen den Wirbelkörpern, werden nicht so plattgedrückt und verlieren weniger Flüssigkeit, als wenn wir den ganzen Tag lang sitzen.

> Hinfallen und wieder aufstehen, diese Erfahrung körperlich zu erleben und sich dann aufzurichten: „Yes, I can!" Das alles ist möglich beim Tanzen. Das macht dich stark und resilient. Du wirst dadurch im wahrsten Sinne des Wortes zum Stehaufmännchen/-frauchen. Dich haut so leicht nichts mehr um.

Tanzen hilft auch dabei, aufrecht durchs Leben zu gehen und sich gerade zu machen. Der Körper macht es vor und die Psyche hält Schritt. Wächst mit. Die Persönlichkeit kann so mehr innere Größe entwickeln. Diese Fortschritte sind auch spürbar in dem Moment der körperlichen Aufrichtung. Ein Gefühl stellt sich ein: „Wow, es geht, ich kann es. Ich bin stark, groß und aufrecht." Aufrecht im wahrsten Sinne des Wortes: Eine klare Haltung einnehmen zu etwas. Sich gerade machen – für sich selbst – und total präsent sein. Sich nicht mehr krumm zu machen. Aufrecht, aufrichtig, geradlinig durchs Leben zu gehen.

Hinfallen und wieder aufstehen, diese Erfahrung körperlich zu erleben und sich dann aufzurichten: „Yes, I can!" Das alles ist möglich beim Tanzen. Das macht dich stark und resilient. Du wirst dadurch im wahrsten Sinne des Wortes zum Stehaufmännchen/-frauchen. Dich haut so leicht nichts mehr um. Diese Zusammenhänge zwischen äußerer Körperhaltung und innerem Wachstum finde ich hochinteressant! Ich bin beim Tanzen schon öfter zu Boden gesegelt, auf die Schnauze gefallen. Und habe körperlich gespürt: „Ok, wow, ich kann hinfallen und es passiert nichts Schlimmes. Ich kann stürzen. Aber da ist eine Kraft in mir, immer wieder aufzustehen!" Das ist Embodiment[17] und eine gute Sturzprophylaxe.

ÜBUNG: Tanz deine Gefühle

„Wenn du deine Gefühle nicht tanzt, tanzen sie dich", hat Andrea Juhan gesagt, Fünf-Rhythmen-Tanztrainerin aus den USA.[18] Recht hat sie, finde ich. Deshalb ist es interessant und macht zudem Spaß, zu erleben, was aus uns rauskommen kann, wenn wir tänzerisch mit unseren eigenen oder auch mit imaginären Gefühlen spielen.

Jetzt geht's also darum, deine Tänze und Bewegungen mit Gefühlen zu verbinden und zu intensivieren. Du trainierst so, dich bewusst für ein Gefühl, wie etwa Freude, entscheiden zu können. Es zeigt dir, wie stark du mental bist. Es ist ein Erforschen deiner Ausdrucksmöglichkeiten und kann dir helfen, dich klarer wahrzunehmen, mit Gefühlen besser umzugehen, sie einfacher zu regulieren und zu genießen.

Ich lade dich zu drei möglichen Spielarten von Übungen ein.

1) Fühlen, nicht denken!

Bei dieser Variante geht es darum, deinen Gefühlsstatus zu erspüren. Du spürst beim Tanzen in dich hinein und erforschst, welche Gefühle du aktuell empfindest, die du durch deine Bewegungen ausdrücken möchtest. Spürst du sie? Dann nimm sie ganz bewusst wahr und tanze sie aus. Lass ihnen freien Lauf. Bewege dich einfach so, wie du dich fühlst.

Deine spontanen Moves müssen niemandem gefallen, sie sollen auch nicht unbedingt schön aussehen. Darum geht es nicht. Es geht um dich und dein Erleben. Deine Gefühle und Empfindungen. Lenke deine Aufmerksamkeit darauf. Drück sie aus. Tanze sie. Auf die Weise und so lange, wie es dir gut tut. Tanz zum Beispiel eine Zeitlang ruhige, langsame Bewegungen. Ist das Gefühl eher Unruhe, dann können es schnelle Moves sein. Das alles sind Möglichkeiten, deiner Seele mehr Raum zu geben.

2) Überraschung!

Du stellst während des Tanzens fest, dass plötzlich überraschende Gefühle in dir hochkommen, die rauswollen. Die möchten und dürfen umgesetzt werden in Bewegung. Gerne raus damit! Plötzlich macht dich vielleicht etwas unruhig, dann bewegst du dich möglicherweise zügig durch den Raum mit großen Schritten. Oder du fühlst dich wütend. Dann brauchst du explosive Bewegungen mit den Armen oder Stampfen mit den Füßen. Oder du fühlst dich glücklich, dann hüpfst und springst du vielleicht beim Tanzen wie ein Gummiball. Alles darf raus und kann eine angenehme Erleichterung bewirken.

Du bist wie ein wunderschöner Schmetterling. Mit deinem freien Tanz. Du kannst fliegen. Du kannst tanzen, als ob niemand zuschaut.

Mit deinem eigenen Ausdruck. Deiner Bewegung.

3) Tu so als ob – mit einfachen Moves

Du tanzt mit einem Gefühl, das du in Wahrheit gerade gar nicht wirklich empfindest – z.B. Glück. Du leihst es dir quasi aus deiner Phantasie aus. Du kannst es dir einfach vorstellen und so tun, als ob es aktuell wäre. Unser Gehirn unterscheidet das nicht wirklich. Wichtig dabei: Du kannst das zwar kurz fühlen, aber geh da nicht lange und tief rein, schon gar nicht, falls es dich belastet! Solltest du dich unwohl fühlen, dann hör bitte sofort auf und wechsle zu einem anderen, angenehmen Gefühl.

Praktisch kann das so aussehen: Schaff dir etwas Platz auf dem Dancefloor und starte: Als Erstes tanzt du einen einfachen Schritt, z. B. Cha-Cha-Cha oder diesen: Stell dir eine auf dem Boden liegende Uhr vor und stell dich genau dort hin, wo die Uhrzeiger befestigt sind. Vor dir auf dem Boden liegt also die imaginäre 12, hinter dir die 6. Ok? Jetzt lass den linken Fuß stehen, während der rechte abwechselnd vor auf die 12- und zurück auf die 6-Uhr-Ziffer geht. Ganz entspannt vor und zurück mit rechts. Oder, falls dir das lieber ist, umgekehrt: Der rechte Fuß bleibt stehen, der linke geht auf 12 und 6 Uhr. Vor und zurück.

Tanz in Ruhe diese beiden Schritte, bis dein Körper sie sicher drin hat. Vor und zurück. Ohne ein besonderes, beabsichtigtes Gefühl. Recht neutral, zufrieden, harmonisch.

Nun die Variante: Du legst in diese Schritte z.B. das Gefühl von Freude und Leichtigkeit. Vielleicht springst und hüpfst du fast dabei … wie auch immer. Schau einfach, was das Gefühl in dir an deinen Bewegungen verändert. Beobachte. Ohne Wertung. Mehr wie ein Augenzeuge: „Ach, das ist ja interessant."

Anschließend machst du einen Switch: Jetzt kommt ein anderes Gefühl, aber mit demselben Schritt: Leg zum Beispiel mal Wut rein! Tanze die Schritte voller Power in den Boden, so doll, wie es dir gefällt. Wie fühlt sich das an? Gut? Ja, nein? Lässt du Dampf ab?

Nach einiger Zeit wieder der Switch: zurück zu Freude und Leichtigkeit.

Probier das gerne mit anderen Bewegungen/Schritten und Gefühlen. Hier eine Auswahl von Gefühlen: liebevoll, stark, frei, dankbar, glücklich, fröhlich, lustig, ängstlich, aggressiv, frustriert, schwach, genervt, hilflos. Danach schau, was das bei dir auslöst und pack dann diese Gefühle wie ein Spielzeug zur Seite.

Lade dir die Übung herunter: S. 139

Die eigenen Gefühle wahrnehmen, mit dem Körper im Tanz verbinden und ausdrücken. Ganz ohne Worte.

Tanztherapie – Persönlichkeitswachstum[19]

Es gibt auch die Möglichkeit, durch Tanztherapie die eigenen Gefühle und sogar Knoten darin zu erleben und aufzulösen. Bei diesem psychodynamischen Therapieverfahren geht es viel ums Erleben. Um Fühlen, weniger um Durchdenken.

Durch ihr Tanzen und ihre Bewegungen werden sich Menschen bestimmter Muster bewusst, die ihr Leben unerwünscht beeinflussen. Bei der Tanztherapie bekommen sie durch ihr Tanzen einen intuitiven Zugang zu diesen gespeicherten Mustern. So können sie sich selbst, ihren Körper und ihre Verhaltensmuster anders wahrnehmen, sich neu spüren, fühlen und verstehen. Dadurch bekommen sie mehr Klarheit, was sie innerlich bewegt, warum sie ticken, wie sie ticken, und was sie brauchen, um sich und das Leben anders zu erleben. Sie können Wege entdecken, etwas zu verändern. Sich tatsächlich anders durchs Leben zu bewegen. Durchs Leben tanzen.

Woran erkenne ich, dass mir eine Tanztherapie guttun könnte? Zum Beispiel, wenn du dich nicht mehr lebendig und fröhlich fühlst, deine Gefühle abflachen, sowohl Freude als auch Traurigkeit. Wenn es dir schwerfällt, dich auf Beziehungen einzulassen. Wenn du chronische körperliche Beschwerden hast, etwa ständiges Zähnezusammenbeißen, dauernde Kopf- und Nackenschmerzen.

Tanztherapie ähnelt einem Dialog mit dem eigenen Körper. Die Therapeut:innen spiegeln den Klient:innen Bewegungs- und Verhaltensmuster, die diese selbst nicht sehen. Das Ziel: Selbstwirksamkeit.

Auf viele Menschen wirkt Tanztherapie erst einmal etwas befremdlich. Das verstehe ich. Letztlich geht es aus meiner Sicht darum, auch hier die eigene Lebendigkeit und Power, die in uns steckt und die wir durch Tanzen spüren können, wieder zu erfahren und zurückzuerobern.

Tanztherapie ist ein körperorientiertes Verfahren und sie wirkt. In immer mehr psychosomatischen Kliniken wird sie etabliert und kann helfen, Heilung zu erfahren und sich selbst besser zu verstehen. Wunderbar!

Tanzen ist Berührung

Wenn wir tanzen, dann gehen wir in Kontakt und Berührung. Immer. Wir stellen Verbindungen her. Wie von selbst. Ob wir wollen oder nicht. Wir tanzen allein für uns, mit uns selbst, als Paar nah zusammen oder auseinander oder mit/inmitten einer Gruppe anderer Menschen. Beim Tanzen entstehen wunderbare Vernetzungen von verschiedensten Verbindungen und Energien. Wir berühren und lassen uns berühren. Tanz hat viele Beziehungsebenen.

Es gibt den Tanz mit:

DEM ICH: mir selbst, allein
- » meinem Körper
- » meiner Seele, Gefühlen und Gedanken
- » meinem Ausdruck
- » meinen Bewegungen

DEM DU: mit einem Partner oder einer Partnerin, zu zweit
- » den Bewegungen, dem Körper, dem Ausdruck eines anderen Menschen

DEM WIR: einer ganzen Gruppe: drei, vier, fünf, ganz viele, entweder als Tänzer:in unter vielen oder in einer Choreografie als Gruppe
- » vielen Mittänzer:innen und ihrem Ausdruck
- » Zuschauer:innen/Publikum

Und immer spielen auch diese Verbindungen eine Rolle: der Tanz mit
- » der Musik, dem Rhythmus, dem Beat, der Melodie
- » dem Raum
- » dem Boden

Musik, Raum und Boden, diese drei hast du laufend wie Freunde und Partner an deiner Seite. Mit ihnen kannst du immer spielen und tanzen, sie fröhlich variieren. Das funktioniert natürlich besonders gut, wenn du allein tanzt. Beim Tanzen mit dir kannst du dich voll auf dich selbst, auf die Musik sowie auf deine Bewegungen im Raum konzentrieren. Ich finde: Ja, Tanzen mit mir allein macht Spaß. Aber eben nicht nur. Die Mischung macht's.

Du mit dir – die Basis

In jedem Fall gilt: dein Ich ist die wichtigste Ebene. Deine Basis. Dann kommen die anderen. Es beginnt immer bei uns selbst: Mit dem Erforschen und Entwickeln der eigenen Bewegungen, des persönlichen Ausdrucks. Diese Ebene ist die Voraussetzung, um die anderen Verbindungen einzugehen. Zumindest ein ganzes Stück weit. Das Du kommt also erst nach dem Ich. Und als Drittes kommt das Wir.

Tanzen hat in diesen verschiedenen Ebenen unglaublich viele spannende, soziale Seiten. Denn die Natur hat es so hingebastelt: Wir brauchen andere Menschen. Sind eher nicht für ein dauerhaftes Einsiedlerdasein geschaffen. Blühen auf, wenn wir mit unseren Liebsten zusammen sind, egal ob Familie oder Freunde. Das macht uns happy, schenkt uns Kraft, neue Energie. Macht und hält uns gesund. Du erinnerst dich? Glücks-

> Du kannst durchs Tanzen lernen, auf andere Menschen zuzugehen. Kontaktscheu überwinden. Berührung zulassen. Offenheit üben.

hormone? Und das Kuschelhormon Oxytocin, das unser Körper bei Umarmungen und Berührungen der Haut ausschüttet. Ohne Sozialkontakte verkümmern wir. Tanzen bringt es automatisch mit sich, dass wir neu in Kontakt kommen, mit uns selbst und auch mit anderen. Und zwar ganz leicht. Für viele ist es kein Problem, macht ihnen sogar viel Spaß, beim Tanzen auf andere zuzugehen, sie anzusprechen, zusammen zu tanzen. Falls es bei dir anders ist, kein Problem! Mach dir bitte keinen Stress. Du befindest dich in guter Gesellschaft.

Manche Menschen sind einfach schüchtern oder haben Angst, man könnte auch sagen: Respekt vor der Nähe beim Tanzen. Vor innigem Verbinden mit sich selbst, vor Berührung oder vor neuem, fremdem Kontakt. Dahinter kann unbewusst vieles stecken: Angst vor Ablehnung oder Zurückweisung. Vor Enge oder Distanzverlust. Vor Schutzlosigkeit oder Respektlosigkeit. Vor Übergriffigkeit, Grenzüberschreitung oder Fremdsteuerung. Menschen können Tanzen fast als Freiheitsberaubung empfinden. Oder sie fühlen sich eben einfach schüchtern. Unsicher. Unwohl. Nicht in der Lage, auf so ein offenes Parkett zu gehen, sich dem Blick anderer auszusetzen. Und wer will das schon gerne zugeben?

Weißt du was? Ich verstehe das. Kenne das. Ob du's glaubst oder nicht. Und ich sehe es so: In solchen scheinbar „unpassenden" Gefühlen steckt ein riesiges Wachstumspotenzial für dich. Du kannst durchs Tanzen lernen, auf andere Menschen zuzugehen. Kontaktscheu überwinden. Berührung zulassen. Offenheit üben. Vorurteile abbauen, über dich selbst und andere.

Beim Tanzen kannst du Einsamkeit hinter dir lassen. Menschen kennenlernen, die du sonst nie kennenlernen würdest. Du kannst neue Freunde finden. Oder dich finden lassen. Auch deine bestehenden Beziehungen, Verbindungen und Freundschaften können tiefer, stabiler werden, wenn ihr die Freude am Tanzen teilt. Ihr lernt euch besser kennen, kommt euch im wahrsten Sinne des Wortes näher. Könnt diese wunderbaren Verbindungen genießen. Du kannst dich selbst und andere beglücken und bereichern. Oder beglückt werden.

Und weißt du, warum die Möglichkeiten im Tanz anders sind als anderswo? Weil dein Körper beim Tanzen spricht. Du musst (wieder das gute Muss!) es deinem Körper nur erlauben. Zuhören. Hinhorchen. Dein Körper zeigt dir den Weg. Das kann ein Gefühl sein, das dich zu jemandem

Dein Körper zeigt dir den Weg.

hinzieht oder eben nicht. Oder ein anderer Mensch kommt beim Tanzen auf dich zu. Da wirkt Anziehungskraft, Sympathie auf Body-Ebene. Du trainierst beim Tanzen automatisch, dich zu öffnen, auf andere Menschen zuzugehen. Du lernst, auf andere „zuzutanzen". Das ist ein Wunder-volles großes Learning. Es ist eine Chance, diese Fähigkeit auch im Alltag zu nutzen, um so ein erfüllteres Leben zu leben. Mehr Glück durch die stärkere Verbindung mit dir selbst und anderen. Hast du Lust darauf?

Kontaktscheu überwinden: Wie kann das praktisch funktionieren?

Ja, ich weiß, für schüchterne Menschen ist es sowieso schon respekteinflößend, auf andere, neue Menschen zuzugehen. Oftmals ist aber gerade das ein großer Gewinn. Sich zu überwinden. Zu trauen. Es zu wagen. Dein Gehirn weiß das. Nützt nur nichts. Es will praktisch überwunden werden. Eine besondere Chance liegt da im Tanzen mit verschiedenen Tanzpartnern. Sei es auf einer Party oder in einer anderen Dance Session. Gefühlt ist es vielleicht erstmal doppelt herausfordernd, wenn es im Tanzkurs heißt: „Jetzt tauschen wir mal die Tanzpartner." Hilfe! Plötzlich steht da ein wildfremder Mensch ganz nah vor mir. Ups. „Will ich das? Nein! Hilft mir das? Ja!" Auch wenn es sich erstmal ganz anders anfühlt. Nun, genau das ist die Chance, neue Verbindungen und Kontakt zu trainieren. Hier der Zaubersatz für dich, sage dir innerlich: „Sch … egal, ich tu es doch!" Du überwindest deine Schüchternheit nicht im Durchdenken. Sondern nur durchs Tun. Tanzen ist ein Weg dazu.

Tauschen beim Tanzen kannst du scheuen, meiden, doof finden, lieben, ertragen oder abblocken – und ja, ich weiß, da ist vieles, was einen abhalten kann: unsympathisches Gefühl, komisches Aussehen oder die Ausstrahlung. Sich nicht riechen zu können. Oder es merkwürdig zu finden, wie der andere sich bewegt oder anfühlt. Beim Tanzen jedoch kann sich das tatsächlich plötzlich ändern. Und dir ein Erfolgserlebnis bescheren! Dann ist die Schüchternheit geknackt. Du erlebst: Du hast es gewagt und

> Du überwindest deine Schüchternheit nicht im Durchdenken. Sondern nur durchs Tun. Tanzen ist ein Weg dazu.

dich überwunden. Eine Art von Konfrontation gewagt und es geschafft. Und das spürst du jetzt. Wieder ein Embodiment-Erlebnis.[17] Mein Tipp: Sei offen. Lenk den Fokus auf die Chance. Auch wenn es dich Überwindung kostet. Danach bist du drei Meter gewachsen. Wisse: Den anderen geht's vielleicht genauso! Der/die traut sich vielleicht auch nicht so, ist vom Typ auch eher zurückhaltend. Wag' dich ruhig vor. Trau dich. Super! Yes. Glückwunsch!

Ja, es ist so. Nicht wegzudiskutieren und einfach doof: Beim Tanzen gibt's mehr Frauen als Männer. Zumindest in Deutschland. Leider. Und es gibt Tanzarten, bei denen Frauen auf Aufforderung „warten müssen", wenn sie keinen festen Tanzpartner haben. Nicht schön, ich weiß. Trotz allem: Verliere nie aus den Augen, dass du immer Mittel und Wege hast, deine Situation zu gestalten. Du bist keine Bittstellerin, nicht abhängig und kein Opfer! Ok?

Bei Tänzen wie Salsa, Bachata, Tango Argentino oder Standard/Latein fordern meist die Männer die Frauen auf, ja. Das nervt dich und du möchtest es mit in der Hand haben, wer dich auffordert? Dass du aufgefordert wirst, wenn du es willst?

Dazu habe ich ein paar praktische Tipps:

1. Geh in die Tanzsession/die Party/den Kurs mit einer selbstbewussten inneren Haltung und sage dir: „Ich bin richtig und absolut gut, so wie ich bin! Völlig egal, mit wie viel Tanzerfahrung." Ja! Bist du ja auch! Das strahlst du dann auch aus und das ist anziehend für andere. „Ich bin keine Bittstellerin oder Opfer. Ich ziehe tolle Tänzer:innen einfach an."
2. Du kannst einem Mann signalisieren, dass du tanzen willst, aufgefordert werden möchtest, sodass er es erkennt. Beobachte und kläre, wo im Tanzsaal die Frauen stehen oder sitzen, die allein da sind. Du kannst dich dort aufhalten, im Takt der Musik ein bisschen mitbewegen. Das zeigt: „Ich habe Lust zu tanzen!" Das sollte natürlich auch tatsächlich so sein und dein Gesicht darf das auch zeigen: Vorfreude.

3. Gib dem Mann, der dich auffordert, eine Chance! Egal, ob du ihn auf den ersten Blick sympathisch findest oder nicht. Schließlich kann er sich als toller Tänzer entpuppen, wie auch immer er auf den ersten Blick gewirkt hat. Außerdem sehen dich andere Männer tanzen und verlieren die Angst. Die kennen nämlich genauso Angst- und Schamgefühle wie wir Frauen.

Männer haben mir beim Tanzen verraten, wie wichtig es für sie ist, dass sie nicht als „Deppen" dastehen, wenn sie quer durch den Tanzsaal gehen, um eine Frau aufzufordern, sichtbar für alle. Sondern, dass diese Dame tatsächlich „ja" sagt. Dass sie eine Chance zum „Erobern" bekommen. Ihr Vertrauen gewinnen. Das verstehe ich. Trotzdem finde ich: Es verpflichtet Frauen zu nichts! Ja, aus ihrer Sicht riskieren die Männer mit der Aufforderung zum Tanz etwas. Einen Korb. Ablehnung. Das kann am Selbstbewusstsein der Herren nagen. Sorry, guys.

Viel Spaß beim Auffordernlassen!

ÜBUNG: Zusammen tanzen ohne Worte

Ich finde, Tanzen kann wie ein Gespräch ohne Worte sein. Stell dir vor, du willst dich mit jemandem verständigen, der nicht deine Sprache spricht, bzw. du nicht seine. Was tust du?

Du konzentrierst dich automatisch auf das Wesentliche. Bist extrem aufmerksam und wach, fährst alle Antennen aus. Stellst dein Gefühl in den Vordergrund, schaltest deine Intuition auf Höchststufe und folgst ihr. Du sprichst mit Händen und Füßen, bist kreativ darin und extrem aufmerksam, was das wohl alles bedeuten könnte, was die andere Person dir sagen will. Du antwortest oder fragst auch auf ganz neue Arten. Und obwohl du die Sprache nicht sprichst, wirst du trotzdem grob verstehen, was der/die andere will. Das ist wissenschaftlich erwiesen. Im Schauspielunterricht während des Musicalstudiums habe ich diese Erfahrung auch gemacht und einiges darüber gelernt. Es funktioniert.

Beim Tanzen kannst du mit deinem Gegenüber ohne Worte, nur durch deine Bewegungen, super kommunizieren. Diese Form der Kommunikation kann spannende neue Erfahrungen und ein neues Lebensgefühl bringen.

Ich lade dich ein, probier es einmal aus: Tanz offen ohne Berührung mit einer anderen Person. Spür und schau, was der/die andere möchte. Welche Signale kommen, welche Bewegungen er/sie tanzt und offenbar mag. Du kannst mit deinen eigenen Bewegungen antworten. Oder selbst mit deinen Bewegungen Fragen stellen und Botschaften senden.

Achte darauf, wie und wann du in Resonanz gehst. Wo angenehme Schwingungen, good vibes, entstehen. Dein Gegenüber kann wie ein Spiegel sein. Ihr könnt auch Bewegungen tanzen, die wie ein Spiegel füreinander sind. Das macht richtig viel Spaß!

Lade dir die Übung herunter: S. 139

In einer Gruppe, gerade beim freien Tanzen, kann das Gegenüber auch wechseln. Manchmal sogar rasch. Das schenkt uns Agilität, Freiheit und Abwechslung.

Tanzen auf einer Wellenlänge

Wissenschaftliche Untersuchungen der Max-Planck-Gesellschaft Frankfurt[20] haben festgestellt, dass bei Menschen, die miteinander tanzen, im Gehirn Synchronisation entsteht. Das bedeutet, die Gehirnwellen der beiden miteinander tanzenden Menschen synchronisieren sich während des gemeinsamen Tanzes. Sie sind auf einer Wellenlänge und tanzen quasi darauf. Ohne Sprechen oder Worte. Sie kommunizieren durch den Tanz miteinander, gleich, welche Muttersprache sie haben.

Tanz ist international. Es braucht keine Sprache, um das zu verstehen, was du mit deinem Körper ausdrückst. Sogar Menschen, die eine andere Sprache sprechen als deine Muttersprache, können dich so verstehen. Es ist egal, woher sie kommen, welche Nationalität, Hautfarbe, Beruf, welchen kulturellen oder sozialen Hintergrund sie haben. Egal, welche Bildung, egal, welcher Status, ob Professor:in oder Tellerwäscher:in! Tanz versteht jede:r. Und jede:r kann sich davon inspirieren und mitreißen lassen. Du auch! Remember!

Tanzen ist Ur-Lebensrhythmus. Ist eine Ur-Kraft. Hole dir diesen Rhythmus, diese Kraft wieder zurück.

Manchmal haben Menschen einfach nur vergessen, dass sie tanzen können. Dass diese Fähigkeit tief in ihnen drin vorhanden ist. Dass Tanzen eine ur-ur-uralte Verständigungsmöglichkeit und Ausdrucksform ist. Bewegung existierte in der Evolution, in unserer Entwicklungsgeschichte, schon bevor wir anfangen zu sprechen. Und so ist es ja auch, wenn wir geboren werden: Als Babys lernen wir erst uns vorwärts zu bewegen und danach das Sprechen.

Indigene Völker etwa wissen bis heute um diese Ur-Rhythmen des Lebens und Tanzens. Sie sind noch sichtbar damit verbunden. Ich bewundere ihr klares Gefühl für Rhythmus und Bewegung. Wenn sie tanzen, geht mein Herz auf. So cool und ausdrucksstark, wie sie sich bewegen. Mit welcher Leichtigkeit und Leidenschaft. Dieser Funke, diese Lebendigkeit springt durch ihr Tanzen sofort über. Keine Ahnung, wie man da still sitzen bleiben kann. Menschen, die diesen ursprünglichen Zugang haben zu Bewegung und Rhythmus, sind für mich extrem inspirierend. Sie tanzen einfach drauflos, egal wie alt oder jung, wie begabt oder scheinbar untalentiert sie sind. Ich glaube, sie würden gar nicht auf die Idee kommen, dass sie nicht tanzen können.

> **Tanzen in einer Gruppe gibt uns das Gefühl dazuzugehören. Das macht uns stark und stabil für die Stürme des Lebens.**

Tanzen ist Ur-Lebensrhythmus. Eine Ur-Kraft. Ich wünsche mir, dass wir uns diesen Ur-Rhythmus mit seiner Kraft zurückerobern. Tanzen ist für uns Menschen eine so tief verwurzelte Ausdrucksmöglichkeit. Das ursprüngliche Tanzen wurde oft mit Ritualen verbunden, die mit Initiation, Selbsterfahrung, mit seelischer oder körperlicher Heilung zu tun hatten. Die Menschen tanzten dabei immer in einer Gruppe. Ich bin sicher, das ist irgendwo in uns noch ganz tief verankert. Tanzen in einer Gruppe gibt uns das Gefühl dazuzugehören. Das macht uns stark und stabil für die Stürme des Lebens. Und das wird mit jedem Tanz immer wieder erneuert. So wirkt Tanzen auf Körper, Geist und Seele. Zum Glück fangen mittlerweile auch Krankenhäuser und Reha-Kliniken an, Tanzen als wirkungsvolle Therapien zu entdecken und nehmen Ausdruckstanz oder Tanztherapien in ihren Versorgungsplan mit auf. Klasse!

Tanzpraxis – die ideale Tanzart finden

Welcher Tanzstil passt zu mir?

Es gibt sehr viele Tanzarten auf und aus der ganzen Welt. Neue und alte Tänze. Traditionelle und trendige. Tanzsport und Hobby. Der Deutsche Tanzsportverband etwa bietet dazu viele Infos.[21/22] Wikipedia listet weit über 200 verschiedene Tanzarten auf.[23] Nun wird es dir wenig bringen, wenn ich die alle runterrappele. Woher sie kommen, was sie kulturell beinhalten, all das kannst du viel besser im Internet nachlesen. Was ich dir jedoch vermitteln möchte, ist ein Einblick in die unterschiedlichen Arten von Tänzen und Tanzstilen, die es bei uns gibt und wie diese sich anfühlen – aus meiner persönlichen Erfahrung. Welche Energie und welches Lebensgefühl damit verbunden ist.

Damit du eine Idee und ein Gespür dafür bekommst, wie sich ein Tanz anfühlt, was ihn ausmacht. Oder Erinnerungen in dir geweckt werden, was dir Spaß macht oder machen würde. Welcher Tanz zu dir und deiner Persönlichkeit passt, damit du aus der Flut von Möglichkeiten das für dich Beste heraussuchen kannst. Welche Tanzart auch immer du für dich wählst, der eindeutige Wegweiser zur Entscheidung ist deine Freude. Bei allen Argumenten des Kopfes: Entscheide dich für das, wo dein Herz hüpft!

Meine Übersicht ist nicht perfekt oder vollständig. Das ist auch nicht meine Absicht. Neben den klassischen Tanzarten wie Ballett gibt es viele Weiterentwicklungen und Mischformen. Das variiert je nach Tanzstil, Tanzschule und Trainer:in, nach Bedarf, Geschmack und natürlich nach dem gerade angesagten aktuellen Modetrend.

Vor der Theorie jetzt noch ein bisschen Praxis: Im Web findest du eine Menge Videos von Tänzen, die du vielleicht schon kennst. Ich liebe es, mir solche Videos anzuschauen, um ein Gespür für den Stil, die Besonderheiten des Tanzes zu bekommen. Nutze das gerne auch. Dann sparst du dir möglicherweise eine Vielzahl von Schnupperstunden. Auf der nächsten Seite findest du eine Übung dazu.

ÜBUNG: Deine Tanzart erfühlen – Hilfe beim Auswählen

Aufschlussreiche Videos und Musik von den Tänzen, die dir helfen können, eine Wahl zu treffen, findest du natürlich im Netz, auf YouTube und auf Tanzseiten. Zapp dich da mal durch. Bitte nicht durch Tanzlern-Videos, sondern solche, in denen Menschen einen Tanz gerade mit Freude tanzen. Achte dabei auch auf die Musik! Kläre vorher für dich: Welche Musik magst du wirklich? Nach welcher bewegst du dich automatisch gern? Was ist der Rhythmus, bei dem du immer mitmusst? Gar nicht anders kannst? Ja, go, go …

Musikrichtungen und Tanzvideos können einen ersten Anhalt und Orientierung geben. Während du dir Videos anschaust, spür rein in die Musik, beobachte, was sie und die Bewegungen der Tänzer:innen bei dir auslösen. Nimm dir ein paar Minuten Zeit dafür. Nicht denken! Sondern fühlen! Welche Impulse lösen der Tanz, die Bewegungen, die Musik bei dir aus? Gibt es eine Resonanz in deinem Körper, während du das anschaust? Fuß wippen, Mitschwingen, gute Laune … ? Bekommst du Lust drauf, das auch zu tanzen? Oder eher nicht?

Lade dir die Übung herunter: S. 139

Solche Zeichen deines Körpers und deiner Seele geben dir gute Hinweise darauf, welche Tänze dein Ding sein könnten. Das muss kein Volltreffer sein, kann dann aber heißen, dass du dich mit dieser Tanzart wahrscheinlich wohlfühlst. Ausprobieren!

Entscheide dich für das, wo dein Herz hüpft!

Man könnte auch sagen, verschiedene Tanzarten sind wie viele verschiedene Sprachen. Tanzsprachen. Das sind Stile, Varianten des Ausdrucks. Möglichkeiten sich zu bewegen. Je nachdem, was ein Mensch mag, wie er geschaffen wurde und was er ausdrücken und teilen möchte.

Ich staune immer wieder über diese unendlichen vielfältigen Möglichkeiten. Das kann groovy sein, rockig, sanft, flowy, stakkato, funky – was auch immer. Jeder Tanz hat eine eigene Sprache, den eigenen Ausdruck. Gekoppelt mit deinem persönlichen Ausdruck!

Manche Tanzarten funktionieren gezielt über bewusstes Training. Ein Lernen nach vorgegebener Choreografie, klar festgelegten, technisch möglichst sauber gesetzten Schritten und Figuren. Mit starker Körperkontrolle und „typischem Ausdruck". So läuft es etwa beim klassischen Ballett oder Ballroom Dancing, Standard und Latein. Ziel ist dort, die Techniken dieser Tänze zu beherrschen. Das macht bei klassischen Tanzarten in gesunder Dosis durchaus Sinn. Nur mit dem Wissen um die Tanztechnik kannst du diese Tänze auch austanzen und so richtig genießen. Die Form, wie Schritte und Figuren, schenkt dir also die Freiheit des Genusses.

Jetzt fragst du vielleicht: „Ach, dann gibt's hier doch ein Richtig und Falsch? Und nicht nur Kreationen?" In gewisser Weise ja. Bei diesen Tänzen geht es weniger um Körperwahrnehmung und das „Ur-Tanzen", das in uns allen steckt. Sondern um sportliche Technik, Körperbeherrschung, Performance und dann erst um den ganz persönlichen Ausdruck. Solltest du dich eher für klassische Tanzarten begeistern und sollte dein:e Trainer:in nicht erfreut sein über mögliche „Fehler", also deine „Kreationen", dann kannst du Kritik und Korrekturen ganz entspannt nehmen, die „Fehler" innerlich als deine Kreationen wertschätzen und Gelassenheit trainieren.

Viele Tanzarten, die meisten sogar, vereinen Form und Freiheit. Zum einen ist da das Kennenlernen und Training von Tanztechniken, der Form. Zum anderen das Wagen und Üben von kreativ-freiem Tanzen, also Freiheit mit Freedance und Interpretation. Bei einer Tanzart mit viel oder nur freiem Tanzen, wie Conscious Dance oder Soulmotion oder auch beim NIA, steht das Wahrnehmen im Vordergrund, das Lernen, unserer Intuition und unseren Impulsen zu folgen, Bewertungen abzulegen. Dass es kein „Richtig oder Falsch" gibt, sondern eben Kreationen! Ein großes Ziel ist es, den eigenen Ausdruck und Stil anzunehmen, sich mit der Musik frei zu bewegen, sich dem Flow hinzugeben, sich hineinfallen zu lassen, einfach das rauszutanzen, was rauswill, ohne fest einstudierte, trainierte Schritt- oder Figurenfolge und Performance.

Was möchtest du? Mehr Learning, Technik und Choreografie? Oder lieber freies Tanzen? Oder sowohl als auch, so wie ich?

MEINE ERFAHRUNG MIT SCHEINBAR GEGENSÄTZLICHEN TANZARTEN

Ich selbst finde beides gut: freie und eher klassische Tanzarten. Für mich macht's der Mix. Beides hat seine Zeit, seinen Platz und seine Dosis. Beides tut mir – im richtigen Moment – gut. Mal Discofox, Salsa, Tango und Walzer mit festen Schrittfolgen. Und dann wieder NIA oder Soulmotion, wo mehr freies Tanzen drinsteckt und es stärker um Wahrnehmung geht.

Manchmal – das kam, je älter ich wurde – brauche ich den freien Raum, um mich so zu bewegen, wie es gerade kommt. Mein Kopf, mein Gehirn, mein Nervensystem möchten an diesem Tag nichts Neues lernen. Ich möchte mich dann nur auf mich konzentrieren, ohne Reden, ohne Analysieren, ohne Optimierung von Tanztechnik. Ich möchte mich spüren, einfach nur sein und mich tanzen und diese Lebendigkeit und Selbstliebe fühlen. Oder etwas erforschen, loswerden, abtanzen, wegtanzen, raustanzen oder durchs Tanzen in mich hineinholen, es integrieren in mich und mein Leben. Der Körper hilft mir dabei. Dann ist Freedance oder Tanzarten, die dies teilweise enthalten, wie NIA, genau das Richtige.

Dann wieder liebe ich es, mich auf neue Choreos und Schritte zu konzentrieren und zu tanzen, Paartanz zu genießen, noch mehr oder etwas Neues über Tanztechnik und Präzision im Körpereinsatz zu erfahren. In NIA ist auch das drin, ich liebe das. Dann möchte ich dazulernen, um mich und mein Tanzen noch klarer, ausdrucksstärker oder leichter zu erleben. Oder mehr von dieser Art von Freude. Manchmal gibt es eine Zeit, da ist dieses klar strukturierte Tanzen mit Choreografien und Schrittfolgen für mich genau das Passende. Es gibt mir dann Struktur, Halt und Klarheit. Ich kann auch dabei meine Level und Grenzen neu kennenlernen, erforschen und erweitern. Dann entscheide ich mich bewusst: Ich will jetzt das! Einen gezielten Trainingseffekt haben, ich setze neue Reize für eine Steigerung, genieße es, als Benefit neben Spaß bewusst mehr Muskeln und Fitness zu bekommen. Dann ist es eine Prise mehr Sport.

Die wichtigsten Tanzarten solo oder in Gruppen

Als Erstes jetzt eine Liste von Tanzarten, die du vor allem allein oder in einer Gruppe tanzt. Freie Tänze – mit viel Spielraum für den eigenen Ausdruck deiner Seele und Persönlichkeit. Tänze für mehr Wahrnehmung und Selbst-Bewusstsein. Also kein Paartanz im klassischen Sinne. Auch wenn Konstellationen zwischen zwei oder mehr Menschen während des Tanzens entstehen können.

Freie Tanzarten – solo und in der Gruppe:

BAUCHTANZ – orientalischer Tanz, geheimnisvoll, erotisch

CONSCIOUS DANCE – freier Bewusstseinstanz

CONTEMPORARY DANCE – zeitgenössischer moderner Bühnentanz

CONTACT IMPROVISATION – Bewegen im Körperkontakt mit anderen

ECSTATIC DANCE – freier Tanz, Körperausdruck, ekstatisch

FLAMENCO – spanischer Volkstanz mit viel Power und Feuer

FÜNF RHYTHMEN – Tanzmeditationspraxis aus den USA

GAGA DANCE – freier moderner Heilungstanz aus Israel

MODERN DANCE – große Schwester von Contemporary Dance, fließend, rhythmisch, ausdrucksstark, variantenreich, ein Tanz mit Gegensätzen, etwa Wechsel von Spannung und Entspannung

NIA – Tanz, Kampfsport und Entspannung/Meditation, ganzheitlich

POLE DANCE – artistisch-sportlicher Tanz an Stangen

SCANDANCE – freier Tanz, Atem- und Körperbewusstsein

SOUL MOTION – Meditation in Bewegung, Tanz und Stille

SURYASOUL – Tanz mit den Chakren, Tao- und Yoga-Elementen

ZUMBA – Tanzfitness, lateinamerikanische Rhythmen, schnell und mit Power

Alle diese Tanzarten sind Tänze, die du allein und/oder als Teil einer Gruppe tanzen kannst. Ich selbst kenne viele dieser Tanzarten aus eigener Erfahrung, aber nicht alle. Manche habe ich schon getanzt, wie Jazzdance, Modern Dance, Flamenco, Bauchtanz, Contact Impro, NIA, Soul Motion. Manche noch nie. Andere kenne ich sehr gut. Bei einer Tanzart bin ich selbst zertifizierte Teacherin mit schwarzem Gürtel – das ist NIA.

MEIN WEG MIT NIA[24] UND WARUM ICH NIA-TEACHERIN GEWORDEN BIN

Es passierte im Urlaub, „zufällig". Vor über 20 Jahren. Ich las im Sportangebot das Wort NIA. Stille, Nachdenken. Hä? Was bitte? N-I-A. Neuromuskuläre integrative Action = NIA. „Nie gehört", sagen die meisten. Ging mir damals auch so.

NIA ist ein Mix aus Tanz, Kampfsport und Entspannung/Meditation. „Klingt gut. Ich geh da mal hin", dachte ich. Tanzen am Meer, direkt am Strand. Herrlich. Als ich die Musik hörte, in mich rein spürte und die ersten Schritte machte, traf es mich wie ein Pfeil ins Herz. Tränen liefen. Ich hatte das Gefühl, ich komm nach Hause. Wieder zurück zu mir selbst. Inzwischen tanze ich NIA seit über 20 Jahren, bin zertifizierte Black-Belt-Teacherin.

NIA heißt, allein für mich tanzen und gleichzeitig zusammen, in einer Gruppe. Wunderbar. Kein Paartanz. Das passte mir sehr gut. Endlich war das Finden eines Tanzpartners kein Thema mehr. Tanzen nur für mich! Wow. Da war sofort dieses „Ich fühl mich wohl. Ich kann es so tanzen, wie ich es empfinde. Ich muss hier gar nichts. Darf alles, wonach mir ist und so sein, wie ich bin. Und ich bin richtig."

Ich habe eine Struktur, eine Choreografie und Schrittfolgen, die ich so intensiv und anstrengend oder so sanft und leicht tanze, wie mir gerade ist. Und auch mit Freedance dabei, freiem Tanzen. Der Hauptfokus ist die Freude an der eigenen Bewegung. Sie wahrzunehmen. Ihr zu folgen. Ich lerne Achtsamkeit. Ich kann die Intensität so wählen, wie ich es will, wie mein Körper es gerade kann und braucht. Ich kann mich ausdrücken, muss aber nichts. Ich spüre meinen Körper auf neue Weise, lerne andere Dimensionen der Wahrnehmung kennen. Die Verbindung mit mir selbst wird klarer, auch mit anderen, mit dem Flow des Lebens. Ohne Druck oder dieses Leistungsding. Und „ganz nebenbei" aktivieren sich meine Selbstheilungskräfte immer wieder neu durch die Bewegung. Ich bleibe gesund und fit.

Das alles war so gut, dass ich mich sehr schnell entschlossen hatte, die Teacher-Ausbildung zu machen. Bis heute gebe ich NIA und Benefits dieser Art von

Selbst-Bewusstsein und Persönlichkeitsentwicklung durch Tanzen weiter, darf Menschen damit zu mehr Wachstum und Lebensfreude bewegen. Elemente daraus fließen ein in meine körperorientierten Coachings und Trainings. Durch NIA habe ich mich, mein Tanzen und wie ich persönlich ticke, besser kennen- und verstehen gelernt. Bin intensiver mit mir verbunden. Habe auch gelernt: Weniger ist mehr. Leistungsdruck adé. Fehler sind tolle Kreationen.

Ich konnte Schmerzen loswerden, persönlich wachsen und bin glücklicher. Klarer und stärker, sanfter und wahrhaftiger. Das war von der ersten Stunde an so und ist es bis heute. Die frühe Zeit, bis ich die Ausbildung zur NIA-Teacherin absolviert hatte, habe ich für mich allein nach Videos getanzt – im Wohnzimmer. Fast so wie in meiner Kindheit, als kleines Mädchen mit dem Petticoat meiner Mutter. So schließt sich ein Kreis. Und das Strahlen, Lachen, die Freude am Tanzen war genauso wie früher wieder da.

Was NIA und alle freien Solo-Tanzarten vereint: Es geht viel um Freiheit und persönlichen Ausdruck. Wertfrei mit sich und anderen zu tanzen, sich fallen zu lassen, sich und anderen zu begegnen im Flow des Tanzes. Um Wahrnehmung des eigenen Körpers und um heilendes Bewusstsein dafür. Persönliches Wachstum und eigene Stärke zu erleben. Sich selbst und den eigenen Tanz mit Lebensfreude zu erfahren.

Freie Tänze könnten zu dir passen, wenn

- » du all das, was ich eben beschrieben habe, auch möchtest
- » du gerade keinen Paartanz willst oder keine:n Partner:in hast
- » du dich gerne in erster Linie auf dich selbst konzentrieren möchtest
- » du sehr strenge Choreografien nicht so magst. Die gibt es bei einigen Tanzarten gar nicht, eher wenig oder als Mix mit Choreo-Angeboten und Bewegungsimpulsen. Etwa bei Soul Motion, Contact Improvisation, Gaga Dance, Ecstatic Dance oder teils auch beim NIA.

Klassische Tanzarten – solo und in der Gruppe:

BALLETT KLASSISCH – konservative Schule, super Basis für alle Tanzarten, immer aktuell

BALLETT CONTEMPORARY – Mix aus Ballett und Contemporary Dance, ganz mit dir verbunden, im Fluss deiner Bewegung und deines Ausdrucks

JAZZDANCE – expressiv, viel Technik, Dynamik, gute Laune, auf Performance, Show und Bühne fokussiert, es gibt auch diverse Kombi-Stile, z.B. lyrical Jazzdance

MODERN DANCE – UNESCO-Weltkulturerbe[30], inspirierender, zeitgenössischer Bühnen- und Ausdruckstanz, viele klassische Elemente verbunden mit freien Tänzen

STEPPTANZ – Tanz mit metallbeschlagenen, klingenden Schuhe, Tänzer:innen werden automatisch auch zu Perkussionist:innen

Klassische Solo-/Gruppen-Tänze könnten zu dir passen, wenn

» du es liebst, nach festen Choreos und Schrittfolgen, technisch anspruchsvoller und eher unter Anleitung zu tanzen
» du dich gerne in erster Linie auf dich selbst konzentrieren möchtest
» du klassische Ausdrucksformen magst
» du keinen Paartanz willst oder keine:n Tanzpartner:in hast
» du auch mal das Gefühl von „Primaballerina" genießen oder eine mega Jazzdance-Performance hinlegen willst

MEIN MEDITATIONSBALLETT

Das finde und fand ich beim Ballett immer toll: den ersten Teil einer Ballettstunde an der Stange, diese Übungen, „Exercises" genannt. Eine klar strukturierte Aufwärmphase mit fester Abfolge von Schritten und Bewegungen. Die empfand ich immer als so schön, weil sie stets gleich waren. Absolut identisch in der Reihenfolge mit immer demselben zeitlichen Anteil in der Stunde. Die Basis für jede Technik, im Ballett wie in allen Tänzen. Diese Klaviermusik mit den geradezu meditativen, gleichförmigen Bewegungen, gekoppelt an eine hohe Konzentration, enorme Kraft und Anstrengung. Das hat meinem Körper, meinen Muskeln und Knochen, meiner Haltung, Zentriertheit und meinem Nervensystem sehr gut getan.

Ich habe das geliebt. Es hat mich zentriert, fokussiert, geerdet und mir geholfen, mich zu konzentrieren. Noch heute löst Klaviermusik, wie sie in solchen Ballettstunden für die Exercises am Anfang benutzt wird, Entspannung in mir aus. Und manchmal liebe ich es, solche klassischen Tanzformen wiederzuentdecken und neu auszuprobieren.

Hip-Hop, Breakdance & Co. – Streetdance-Tanzarten:

HIP-HOP – sehr bekannt, viel in kommerziellen Medien und auf Social Media zu sehen, stark auf Wirkung, Bühne und Kamera ausgerichtet, Beats and Breaks tanzen

COMMERCIAL DANCE – Mix aus Hip-Hop und Jazz zu Pop und Charts

VIDEO DANCING – Tanzen nach Tänzen aus beliebten Videos oder um sich beim Tanzen zu filmen, Videos zu erstellen

BREAKDANCE ODER BREAKING – athletisch, akrobatisch, kraft- und anspruchsvoll, mit Armen, Beinen, Rücken oder dem ganzen Körper auf dem Boden, es gibt viele Styles

Zum Streetdance gehören alle urbanen modernen Tanzformen, die auf der Straße und in Tanzclubs entstanden sind. Manche nennen sie auch Urban Dance Styles. Darunter lassen sich zig verschiedene Tanzstile einordnen: Crip-Walk, Dancehall, Dubstep Dance, Electric Boogie, Flexing, Footwork, Gliding, Hip-Hop, House, Hypedance, Jacking, Jerking, Jumpstyle, Krump, Locking, Lofting, Popping, Rap, Shuffle, Sliding, Skipwalking, Stomping, Tecktonik, Tutting, Vogue oder Voging, Waving, Waaking, Whining und, und, und.

Die Musik dazu kann unter anderem Funk, Hip-Hop oder elektronische Tanzmusik sein. Getanzt wird in Clubs, auf Danceflooors jeder Art und auf der Straße. Allein, in der Gruppe, im Team. Als Performance, Wettkampf oder just for Fun. Auf der ganzen Welt. Und natürlich tanzen Frauen und Männer Streetdance. Mir ist jedoch aufgefallen, dass in manchen Formen besonders viele Männer vertreten sind. Diese Styles werden dann mit extrem viel Kraft und Athletik getanzt, fast schon wie eine Art Akrobatik oder Turnsport. Natürlich gibt es auch Frauen, die diese Tanzarten beherrschen. Sehr cool. Und: Ab 2024 ist Breaking, also Breakdance olympische Disziplin! Wow! Das hat noch keine Tanzart geschafft. Respekt![25]

Streetdance könnte zu dir passen, wenn

- » du die modernen, kommerziellen Tänze auf Bühnen und in der Darstellung liebst
- » du mehr auf zackig-kraftvolle, typische Moves und das Powervolle aus Breakdance, Hip-Hop und Commercial stehst als auf freien Flow oder klassisch-traditionelle Tanzarten
- » du athletisch, akrobatisch tanzen möchtest
- » du den Boden liebst
- » du keinen Paartanz willst oder keine:n Partner:in hast
- » du dich gerne mit anderen misst und battlest
- » du urban Styles anziehend findest

Hip-Hop, Breakdance & Co. werden fast wie eine Art Akrobatik oder Turnsport getanzt.

Tanzarten für Paare

Ballroom Dancing kann Sport sein, muss es aber nicht. Zum Glück! Die zehn Standard- und lateinamerikanischen[26] Tänze gehören zum Welttanzprogramm und wurden 2022 von der UNESCO in die Liste des Immateriellen Kulturerbes der Menschheit aufgenommen. Sie sind Basiswissen für gesellschaftliche Tanzanlässe jeder Art. Man kann sie in jeder klassischen Tanzschule lernen, vom Bronze- bis zum Goldstar und Tanzkreis – oder sogar noch weiter bis zum Turniertanz – und auf Partys, Festen, Bällen, gesellschaftlichen Events aller Art tanzen. Oder auch im Wohnzimmer, einfach so!

Die fünf Standardtänze:

LANGSAMER WALZER – schwingend, langsam, harmonisch

TANGO – temperamentvoll, feurig, abrupt wechselnde Bewegung

WIENER WALZER[31] – Klassiker, schnell, anspruchsvoll, romantisch

SLOWFOX – fließend, raumgreifend, weich, schwebend, zärtlich

QUICKSTEPP – schnell, spritzig, dynamisch, Sprünge und Posen

Die fünf lateinamerikanischen Tänze:

RUMBA – sinnlich, erotisch, verträumt, langsam, flirtend

CHA-CHA-CHA – heiter, frech, kokett, offen, lebendig, verspielt

SAMBA – fließend, schnell, lebenslustig, überschäumend

PASO DOBLE – raumgreifend, stolz, marschierend, anspruchsvoll

JIVE – hohes Tempo, viele Kicks und Twists, erinnert an Rock 'n' Roll

Und so fühlen sich diese Tänze an: sicher, klar, strukturiert, gut etabliert, kontrolliert, geregelt, mit genauen Schrittfolgen und Figuren, Contenance und Stil. Sie sind klar strukturiert und tanztechnisch exakt aufgebaut. Es gibt viel weniger Raum für freien Flow und persönlichen Ausdruck als beim freien Tanzen. Doch das hat auch seinen Reiz, je nach Dosis.

Extratipp für Menschen, die eher tanzmuffelig sind: der Klassiker – Discofox. Ein Allrounder: leicht zu lernen, super vielseitig, extrem kompatibel. Einer meiner absoluten Favoriten. Er ist kein Standard- oder lateinamerikanischer Tanz. Wird aber in jeder Tanzschule unterrichtet. In nur wenigen Stunden. Zack. Kleiner Vorgeschmack: Discofox geht so: 1,2 tipp, 1,2 tipp. Den hast du rasch drauf. Dazu ein paar Drehungen und Varianten – fertig. Lohnt sich! Dann hast du den idealen Tanz für viele gesellschaftliche Anlässe wie Partys, Scheunenfeten, Familienfeste – egal wo. Ich finde, im Grunde braucht man nur diesen einen Tanz, um bei gesellschaftlichen Anlässen überall gut durchzukommen. Man braucht nicht viel Platz, fast jede:r kann Discofox tanzen. Er passt zu sehr vielen Musikstücken. Du kannst extrem variieren und hast jede Menge Spaß. Perfekt.

Und auch genau richtig, wenn jemand keine Lust auf großartiges klassisches Paartanz-Gelerne hat. Einfach nur fit sein will für Party oder Hochzeit. Der kleinste gemeinsame Nenner mit großem Spaßfaktor: Discofox. Meine Empfehlung und mein absoluter Tipp, wenn du nur einen einzigen Paartanz lernen möchtest mit deinem Partner oder deiner Partnerin.

Die meist klassischen Paartänze könnten zu dir passen, wenn

» du Paartanz liebst

» du ein:e Partner:in hast oder finden möchtest

» du Ballroom Dancing, also Standard und Latein, magst und es schon immer lernen, auffrischen oder intensivieren

» du es liebst, in einer klassischen traditionellen Tanzschule übers Parkett zu schweben

» du bei gesellschaftlichen Anlässen auch als Paar mittanzen möchtest, also fit sein willst für Feste, Partys oder Hochzeiten – Social Dancing wo auch immer

» du sportliches Tanzen magst oder Tanzsport anstrebst

» du für dich und deine:n Partner:in schon immer was gesucht hast, was ihr überall easy mit viel Spaß tanzen könnt

» du einen coolen, lässigen, sexy und trendy Tanz suchst – vielleicht ja West Coast Swing

Newcomer unter den Paartänzen: West Coast Swing, kurz WCS:

Groovy, weich, smooth, fließend – und sehr sexy, sowohl für die Männer als auch für die Frauen. Beim WCS gibt es wenige oder keine festen Schrittfolgen, nur Grundfiguren. Alles wird aus der spontanen klaren Führung des meist männlichen Leaders heraus getanzt. Dabei tanzt das Paar sehr viel frei und spontan, mit Elementen aus anderen freien Tanzarten wie Contemporary. West Coast Swing hat ein entspanntes, gemäßigtes Tempo. So kann der/die Follower:in, meist sind es hier Frauen, sich selbst und ihre Bewegungen in vielen Varianten sehr weiblich austanzen.

West Coast Swing kommt aus den USA, es gibt auch East Coast Swing, je nach Herkunftsregion. Und auch in Deutschland tanzen immer mehr Menschen WCS, sind begeisterte Fans dieses sehr lässigen und modernen Tanzes. Sieht easy aus. Ob er das auch ist, möchte ich demnächst selbst herausfinden. Vom Zuschauen weiß ich: West Coast Swing steckt voll inspirierender Lebensfreude.

Salsa, Bachata, Tango & Co. – sinnlich-temperamentvolle Paartänze

SALSA – schnell, komplexe Figuren, temperamentvoll, feurig, erotisch, sehr trendy und beliebt, verschiedene Styles

BACHATA – langsam, sinnlich, erotisch, fließend, verschiedene Styles

KIZOMBA – langsam, harmonisch, sinnlich, eng

MERENGUE – schnell, rhythmisch, sinnlich, eng, anspruchsvoll

MAMBO – kubanisch, komplex, von Salsa verdrängt

TANGO ARGENTINO – erotisch, melancholisch, anspruchsvoll, schreitend, eng, zugewandt

ZOUK – sinnlich, körperbewusst, ausdrucksstark, karibisch

Bei diesen Tänzen habe ich unglaublich viel sprühende Lebensfreude und knisternde Erotik sehen und erleben dürfen. Südländisches Temperament, der Zauber des Flirtens, schwingende Hüften, fließende, drehende Bewegungen, ein verbindender Flow zwischen den Tanzpartner:innen, das Umeinander-Werben und einfach die Freude am Lebendigsein. Ein Feeling von Freiheit, Liebe und durchtanzten lauen Sommernächten, all das verbinde ich mit diesen Tänzen.

Sinnlich-temperamentvolle Paartänze könnten zu dir passen, wenn

» du ein:e Partner:in hast oder finden möchtest

» du Paartanz mit sprühender Lebensfreude magst

» du es lebendig, temperamentvoll liebst mit eher freien, improvisierten Schrittfolgen, die oft wechseln

» du sinnlich-erotische Tänze und Flirten beim Tanzen magst

» du karibisches, afrikanisches oder insgesamt südländisches Lebensgefühl liebst

» du auf Salsa-, Bachata-, Kizomba-Festivals oder auf Tango-Argentino-Milongas gehen willst

Ein Feeling von Freiheit, Liebe und durchtanzten lauen Sommernächten, all das verbinde ich mit Salsa, Bachata, Tango & Co.

Swing, Blues & Rock 'n' Roll – traditionsreiche Paartänze:

ROCK 'N' ROLL – Elvis lebt, sportlich, akrobatisch, klassisch, jung

SWING – easy, lässig, schwingend, Mutter aller Swing-Tänze, etwa Lindy Hop oder West Coast Swing

LINDY HOP – ursprünglicher Swing-Tanz, sehr trendy, freudig, schwingend, locker, lässig, erinnert an Rock 'n' Roll und Jive, doch ohne Akrobatik oder viel Hüpfen, also gelenkschonend

BOOGIE-WOOGIE – gehört zu Swing-Tänzen, anspruchsvoll, selten

FOXTROTT – Klassiker, einfach, unkompliziert

CHARLESTON – isolierte Bewegungen, typische X-&-O-Beine, selten

BLUES – einfach, emotional, nah, erotisch, ausdrucksstark

COUNTRY- UND WESTERN-DANCE – lässige, entspannte Tänze aus den USA, etwa Square Dance

Traditionsreiche Paartänze könnten zu dir passen, wenn

» du Swing-Tänze aller Art magst
» du Retro-Atmosphäre aus dieser „guten alten Zeit" liebst
» du es lässig und smooth magst
» du akrobatisch begabt bist und Lust auf Akrobatik hast

Wenn du Tänze mit Retro-Atmosphäre liebst, sind Swing, Blues & Rock 'n' Roll das Richtige für dich.

Garde, Cheerleading, Formation und Volkstänze – Tanzarten in Gruppen

Garde- und Schautanz, karnevalistische Tänze sind sehr beliebt und die Tänzerinnen sind unglaublich sportlich. Es ist echt anstrengend und absolut bewundernswert, was die Mädels und Frauen jahrelang eisern trainieren und dann locker-flockig unter allgemeinem „Ah & Oh!" auf die Bühne bringen. Ich bewundere Garde-Tänzerinnen immer, wie die ihre Beine in die Luft schmeißen. Mit welcher Ausdauer und Kondition die ihre Tänze in einem Affenzahn darbieten. Mega.

Die Tänzerinnen bei Cheerleading und Cheer Dance sind mindestens genauso fit und dynamisch: Tanzteams, die bei American Football, Rugby, Basket- oder Baseball supersportlich und intensiv akrobatisch tanzen, turnen, hüpfen, springen und das Publikum sowie die Sportler:innen mit Tanz und Stimme anfeuern. Ein Sport aus den USA, schon seit Jahrzehnten auch bei uns etabliert. Es gibt sogar große Meisterschaften in ganz Deutschland.

Beim Formationstanz geht es um Wettkampf-Tanzsport als Gruppe im Ballroom Dancing. Getanzt werden Standard- und lateinamerikanische Tänze. Das Richtige für Mannschaftsgeister und Sport- und Wettkampf-Naturen! Geht bis zur Weltmeisterschaft.

Gardetänze, Cheerleading oder Formationstanz könnten zu dir passen, wenn

» du es sehr sportlich liebst
» du auf Show und Performances stehst
» du ein Ziel brauchst, auf das du intensiv hintrainieren möchtest
» du es magst, in einer festen Gruppe und Formation zu tanzen

Tanzen mit Handicap: Tanzsport der Extraklasse

Wie „einfach machen" beim Tanzen meisterlich geht, zeigen Rollstuhl-Tänzer:innnen! Eine beeindruckende Gemeinschaft in Deutschland und es gibt auch eine internationale Community der Wheelchair-Dancer.

Mit Beeinträchtigung tanzen, ja das ist möglich! Ich finde es eine großartige Inspiration. Rollstuhlfahrer:innen und Menschen mit anderen Beeinträchtigungen, finden im Verband für Rollstuhltanz solche Gruppen und auch Angebote oder die Verbindung dorthin. Ich bewundere diese Tänzer:innen, sie machen es vor – sie tanzen einfach. Egal wie die Umstände sind. Wow![27]

Volkstanz – die Tänze unserer Ahnen

Genauer betrachtet geht es beim Volkstanz um Bewegungsformen, die wir im Grunde alle als Erbe in uns tragen. Ob wir wollen oder nicht. Volkstänze sind aus meiner Sicht im Grunde eine Weiterentwicklung von Ur-Movements. Dieses Erbe ist ein Geschenk, das wir alle mitbekommen haben. Das wir ehren sollten. An dessen Bedeutung wir uns erinnern dürfen und können: Menschen haben schon immer ihre Gefühle und ihre Haltung durch Bewegung und Tanz zum Ausdruck gebracht. Trauer, Freude, Dankbarkeit. Um Gott anzubeten, ihn zu ehren. In Kriegs- und Friedenstänzen. Zu besonderen Anlässen und Festen. Zur Initiation von jungen Frauen und Männern beim Übergang ins Erwachsensein. Um das Leben zu feiern oder Tote zu ehren. Später wurden dann Volkstänze und unsere traditionellen gesellschaftlichen Tänze daraus. Tanzen kann uns helfen, eine starke, klare Verbindung zu uns selbst zu entdecken, zu unseren Wurzeln, zum Erbe und zur Kraft unserer Ahnen. Tanzen ist: endlich ankommen. Heimat finden. In uns. In unserem Körper. In unserer Seele. Innerlich tiefer zu wissen, woher wir kommen und wohin wir gehen.

Heute noch lebendige Volkstänze im weitesten Sinne sind beispielsweise Polka, Walzer, Irish Line Dance, spanischer Flamenco, die französische Gavotte, indische Tempeltänze oder moderne Bollywood-Tänze aus der indischen Kultur, Madison oder Square Dance oder der aktuell beliebte Nightclub Two Step – alle aus den USA – oder Capoeira aus Brasilien.[28]

**Volkstänze
könnten zu dir passen, wenn**

» du Traditionen liebst

» du es magst, kulturelles Erbe zu ehren und lebendig zu halten

» du eine innere Verbindung zu deinen/unseren Ahnen spürst und diese gern über Tanzen ausdrückst oder das ausprobieren möchtest

» du die Gemeinschaft mit Menschen magst und gerne in Gruppen tanzt

» du die Musik der Volkstänze liebst

Tanzen ist: endlich ankommen. Heimat finden. In uns. In unserem Körper. In unserer Seele. Innerlich tiefer zu wissen, woher wir kommen und wohin wir gehen.

TANZTECHNIK UND TANZGEFÜHL

Klar, gute Führung und stimmige Choreografien, Körperbeherrschung und eine Tanztechnik, die sitzt, – all das ist super. Ich liebe es. Form und Struktur geben mir Sicherheit und Freiheit gleichermaßen. Aber Technik ist eben nur eine Seite der Medaille.

Wenn Strukturen wie Tanzschritte, Technik und Bewegungsabfolgen das Tanzen dominieren, der Fokus allein darauf liegt, diese zu beherrschen, dann wird es meiner Erfahrung nach manchmal leider anstrengend. Die Tanzenden verkrampfen im schlimmsten Fall. Ausstrahlung, Spaß und Flow gehen flöten. Das Sich-Fallenlassen in die Führung von Musik oder Partner:in wird schwierig, die natürliche Lebendigkeit kommt viel zu kurz.

Gerade wenn du das Tanzen neu für dich entdeckst, ist es so wichtig, den Fokus immer wieder auf die Freude an der eigenen Bewegung und auf die Musik zu lenken. Das ist es auch, was aus meiner Sicht gute Tänzer:innen ausmacht: Sie kennen und beherrschen eben nicht nur die eine, sondern genauso die andere Seite der Medaille. Sie folgen den Klängen der Musik UND den natürlichen Bewegungsimpulsen. Haben den Mut, den eigenen Rhythmus und die eigenen Gefühle auszutanzen. Hinzuhören, zu spüren, was den Tanz, das Lied, die Melodie ausmacht.

Tanzen ist ja in seiner ganz ursprünglichen Form für uns Menschen so selbstverständlich wie Gehen und Laufen. Es ist von Natur aus in uns drin, Ausdruck unserer Lebensfreude und Lebendigkeit. Daher ist für mich die Kombi aus beidem das, was dem Tanzen wirklich erst gerecht wird: form AND freedom. Tanztechnik UND Tanzgefühl. Das macht Tanzen leicht, sicher und lebendig. Ausdrucksstark und bewegend. Je nach Tanzart ist die Gewichtung von form und freedom natürlich verschieden und es ist wichtig, selbstbewusst die individuelle Balance zu finden.

Ich möchte dich ermutigen: Wenn du kein:e Profitänzer:in bist, keine Turniere tanzen willst und rein aus Freude tanzt, dann entscheide frei, was und wie es dir gefällt zu tanzen. Löse dich je nach Tanzart, die du wählst, selbstbewusst von der Vorstellung, dass „richtiges" Tanzen nur in einer ganz bestimmten Art und Weise sein darf.

Klar: möchtest du Technik lernen, dann bedeutet es, Schritte und Folgen zu trainieren. Aber bewahre dir bitte immer die Freude und Freiheit dabei! Und die Lebendigkeit. Setze sie am besten an die ERSTE Stelle! So entwickelst du am ehesten deinen persönlichen Ausdruck. Viel Spaß beim Ausbalancieren!

Tanzpraxis – einfach loslegen

Tanzen mit und ohne Partner:in

Allein tanzen hat extrem viele Vorteile!

Frauen sagen (sich) manchmal: „Ich kann ja nicht tanzen gehen, weil mein Mann nicht mitmacht." Hmmm ... Stopp! Echt jetzt? Also, zunächst: Wo ein Wille ist, da ist ... da gibt es ... oder wir finden zusammen einen Weg. Wer will, findet Lösungen, wer nicht will, findet Gründe. Kennste, oder? Hier möchte ich dir gute, einfache Möglichkeiten zeigen, wie du auch allein tanzen kannst oder solo in einer Gruppe, so, dass es dich glücklich machen kann!

VARIANTE 1: Solo. Hast du schon mal die Möglichkeit in Erwägung gezogen, allein zu tanzen, falls dein:e Mann/Frau/Partner:in keine Lust hat? Allein tanzen bietet extrem viele Vorteile! Du kannst deine Tanzart frei wählen. Du kannst machen, was du willst! Juhu! Alle Tanzarten testen, die dir gefallen. Wechseln. Ausprobieren. Dein Ding machen. Hast das ganze Gedöns mit einem Tanzpartner über Absprachen, Terminfindung, Diskussionen über Richtig oder Falsch bei den Schritten nicht. Also, klär für dich, ob du dir das vorstellen kannst, und wenn ja: Sieh dir die Liste der Solo-Tanzarten an, wähle eine aus, melde dich zum Schnuppern an und los geht's! Und falls du so gar nicht „allein" starten magst, frag eine Freundin, ob sie mitkommt!

Mach es so, wie es dir gefällt! Tanzen ist mit und ohne Partner:in möglich.

VARIANTE 2: Nur mit Tanzpartner:in. Dein Ja zum solo, allein Tanzen kam einfach nicht? Du spürst in dir, du willst einfach mit Partner:in tanzen? Dann hast du auch hier mehrere Möglichkeiten:

- A. Mit deinem/r Lebenspartner:in oder einem/r Freund:in tanzen
- B. Eine:n neuen/fremden/andere:n Tanzpartner:in finden
- C. Mit einem/r Partner:in deines Geschlechts tanzen, also Frau mit Frau, Mann mit Mann[29]

Tanz mit deinem/r Lebenspartner:in

Mit deinem/deiner Partner:in tanzen, kann wunderbar sein. Viele Frauen möchten so gern mit ihrem Mann tanzen oder mit ihrer Frau. Das verstehe ich. Kenn ich. Schöne Sache, romantische Vorstellung. Ihn fürs Tanzen begeistern. Aber ihn auch nicht doll bequatschen, überreden oder mitschleppen müssen. Oder gar ein Nerv-Thema in die Ehe oder Partnerschaft reinbringen, sondern die Beziehung bereichern. Und eigentlich wollen, dass er von allein ja sagt.

Tatsache ist: Es gibt wesentlich mehr tanzbegeisterte Frauen als Männer, egal in welcher Tanzart. Ich bedaure das. Und werde hier jetzt keinen Versuch einer Analyse starten, warum das so ist. Sondern bin voller Hoffnung, dass sich immer mehr Männer fürs Tanzen begeistern können, denn tanzen kann jeder.

Extra-Tipp: Schau doch mal, ob du mit deinem/r zurückhaltenden Partner:in zu Hause im Wohnzimmer mal 'ne Runde schwofen kannst. Einfach so, nach einem schönen Essen, zu eurem Lieblingssong. Und vielleicht ergibt sich daraus ja mehr … vielleicht ist er dann ja auch bereit, mal mitzukommen zu einer Schnupperstunde in einer Tanzschule. Discofox etwa. „Tanzschule" klingt echt verstaubt, ist es aber schon lange nicht mehr. Die meisten sind megacool und können wunderbar umgehen mit Männern, die traumatisiert sind vom früheren Krawattenzwang und Situationen, in denen sie der Angebeteten auf die Zehen getreten sind mit dem ständigen Gefühl, zwei linke Füße zu haben. Der Horror, ich weiß.

Außerdem erleben sie in so einem Kurs andere Kerle, die es auch tun, tanzen. Mit Spaß! Sie spüren: Diese Zeit zu zweit ist echt Balsam für die Beziehung. Nährt die Liebe und schafft Nähe. Quality time. Und ihre Frau ist happy.

Noch eine Idee: Online-Tanzkurse @ home. Es gibt spezielle Online-Dance-Sessions für Paare, von denen einer ein Tanzmuffel ist. Ziel ist es, durch Tanzen mehr Spaß zu haben, sich Zeit füreinander zu nehmen und die Partnerschaft zu stärken. Google mal, es lohnt sich.

Eine:n neue:n Tanzpartner:in finden

Wenn du Single bist oder dein:e Partner:in nicht tanzen will, dann beschließ einfach: „Tanzwelt, ich komme! Her mit dem besten Tanzpartner!" Melde dich bei Tanzpartnerbörsen im Internet an. Schau dich auf Social Media in regionalen Tanzcommunitys um. Kontaktiere Tanzschulen und frag dort, ob sie Tanzpartner vermitteln oder eine Plattform haben, auf der du deinen Wunsch posten kannst.

Geh zu Workshops oder Anfängerkursen, bei denen auch Singles willkommen sind. Das bietet sich an für Tänze, bei denen öfter die Partner gewechselt werden, wie West Coast Swing. Oder Salsa oder auf Milongas bei Tango Argentino. Du kannst auch erst eine Privatstunde buchen und dann ab zum Tanzevent, lass dich auffordern. Sei mutig und kühn!

Mit Partner:in deines Geschlechts tanzen

Frau mit Frau, Mann mit Mann. Im Tango Argentino etwa ist das durchaus üblich. Sicher Geschmackssache. Und oft eine tolle Lösung! Manche Frauen haben einfach keine Lust auf das Gesuche nach Mr. Dance-Right. Wenn sie tanzen gehen wollen, fragen sie eine Freundin und ab geht's. Das kann sehr erleichternd sein. Frau muss schließlich nicht erst 80 werden und beim Seniorentanztee aufkreuzen, um sich diesen Spaß zu gönnen! Für gleichgeschlechtliche Tanzpaare gibt es seit vielen Jahren auch auf Tanzsportebene tolle Tanzmöglichkeiten, bis hin zu Turnieren und Meisterschaften: **Equality Dance**[29], entstanden aus der schwul-lesbischen Szene der 1980er Jahre. Also: Mach es so, wie es dir gefällt! Tanzen ist mit und ohne Partner:in möglich und beides macht richtig viel Spaß!

Sei mutig und kühn!

GESCHWISTERLIEBE – DER TANZ MIT MEINEM BRUDER

Dass Herren sich auf der Tanzfläche gerne rarmachen, habe ich schon im Teenager-Alter erlebt. Und damals eine Zeitlang mit meinem drei Jahre jüngeren Bruder Clemens getanzt. Ich war etwa 19/20, er 16/17. Wir sind beide sehr musikalisch und lieben es zu tanzen, schon aus der gemeinsamen Zeit des Kindertanzes. Es hat super funktioniert. Standard und Latein.

Klar, wir waren natürlich auch beide jung, ungebunden und hatten viel Zeit, um zusammen zu trainieren. Und ähnliche Bewegungsmuster, was oft bei Geschwistern, die zusammen tanzen, der Fall ist. Das ist toll und macht das Training einfacher. Außerdem waren wir es gewohnt, uns nah zu sein, auch körperlich, etwa vom Raufen von früher. Wir kannten es auch, uns zu fetzen und wieder zu vertragen, falls wir verschiedener Meinung sind, etwa wie Schritte oder Bewegungen gehen. Alles gute Voraussetzungen fürs Tanzen. Auch heute noch tanzen wir gern eine Runde zusammen, auf Familienfesten etwa. Es passt und macht uns nach wie vor einen Riesenspaß.

Wenn du keinen Bruder, keine Schwester oder Freund:in hast mit Lust auf Tanzsessions, dann sei offen und vor allem entschlossen: Du findest eine:n Tanzpartner:in! Über einen der beschriebenen Wege. Und vielleicht entscheidest du dich ja, parallel oder ausschließlich für dich zu tanzen. Solo, allein in einer Tanzart, bei der du keinen Partner brauchst! Und dich dennoch glücklich tanzen kannst. Inzwischen gibt es so viele tolle Tanzrichtungen, bei denen wirklich kein fester Tanzpartner nötig ist! Siehe bei den Tanzarten ab S. 102.

 ## BEIDES TANZEN

Vor gut 20 Jahren wollte ich nicht mehr abhängig sein von einem Tanzpartner bzw. es hat sich dann auch so entwickelt mit meiner Entdeckung von NIA: Ich musste NIA einfach tanzen und dann auch weitergeben, indem ich unterrichte. Mein Herz hat mich sehr klar dorthin dirigiert.

Heute tanze ich mehrere Tanzarten parallel: Solo-NIA und etwa Soul Motion. Ich liebe das. Und an anderen Tagen dann Paartanz in Standard/Latein, Tango Argentino oder Salsa. Ich habe schon viel gelernt und ausprobiert. Auf meiner Löffel-Liste stehen noch einige Tänze, die ich ausprobieren oder intensiver tanzen möchte. Es gibt noch so viel zu entdecken!

Kurse, Sessions, Classes & Co. – wie finde ich die passenden Angebote?

Bei deiner Entscheidung für deine Tanzart spielt es natürlich auch eine Rolle, welche Angebote, Kurse und Classes es an deinem Wohnort gibt. Es muss nicht immer teuer sein. Ein riesiges Angebot an Terminen und aktuellen Events findest du leicht und schnell, gut vernetzt auf Social Media. Bei Facebook etwa sind viele Gruppen, in denen du ganz easy mitbekommst, wann und wo welche neuen Kurse, Events, Workshops in deiner Stadt oder Region laufen. Influencer:innen auf Instagram posten ihre Angebote. Meine Empfehlung: Wenn du gar nicht weißt, womit du beginnen sollst, buch das, was sich gut anfühlt oder/und was du immer schon mal machen wolltest! Auch wenn du denkst, es klappt nicht. Egal! Hauptsache, du startest. Es macht absolut nichts, wenn du noch keine oder wenig Tanzerfahrung hast oder das letzte Tanzen gefühlt ewig her ist. Buch eine Schnupperstunde, um dich reinzufühlen. Die gibt's meist kostenfrei oder für wenig Geld.

Hier gibt's oft Angebote für Tanzkurse und Training

- » VHS
- » Sportvereine
- » Fitnessstudios
- » klassische Tanzschulen
- » Moderne Dancing Schools
- » Tanzinstitute und Akademien
- » freie regionale Tanztrainer:innen, leicht zu googeln
- » Communitys, die Pakete anbieten
- » Events wie Festivals, Retreats
- » Online-Dancing, live oder über Apps

Extra-Tipps:

» Es gibt in einigen Tanzschulen auch Single-Kurse!

» Tanzschuh- oder Tanzbekleidungsläden kennen die Szene und haben häufig ebenfalls Empfehlungen für gute Tanzstudios und Trainer:innen. Frag dich durch!

Bei Dance-Sessions und Classes kannst du oft wählen zwischen

» Mitgliedschaft oder Abo, wöchentlich bis täglich mit unterschiedlichem Kontingent und Zugriff

» 10er-Karten, meist zeitlich limitiert

» Kurse über 8–12 Wochen

» Workshops, Retreats und Tanzreisen im In- und Ausland

» einzelnen Sessions

» Privatstunden 1:1

» online über Apps oder live

Die Wahl des/der Trainer:in

Ob dir eine Tanzart gefällt, hängt auch von dem Menschen ab, der sie dir vermittelt. Entscheide dich für jemanden, der dir sympathisch ist, dem du vertraust, dem gegenüber du dich öffnen möchtest. Von dem du gerne etwas annimmst. Intuitiv! Ein:e Trainer:in, deren/dessen Stil dir angenehm ist, bei Tanztechnik wie auch Ausdruck und Spaß. Von dem/der du dich gesehen fühlst. Der/die dich einfühlsam fordert und fördert, nicht kritisiert. Mit dem du dich wohlfühlst. Das ist extrem wichtig!

Was du aktiv für einen guten Start tun kannst: Geh auf deine:n Trainier:in zu, sprich vorher mit ihm/ihr darüber, welche Erfahrungen du hast und was du dir wünschst! Stell Fragen und sag ruhig, was deine Herausforderungen sind. Und betone, was dir Spaß macht, worauf du Lust hast. Dann weiß sie/er, wohin die Reise gehen soll. Eine gute Trainerin will und wird dich immer darin unterstützen.

Und hier meine Tipps für deine eigene innere Haltung: Achte auf deine Einstellung: Gib dem/der Trainer:in eine Chance! Geh also voller Vertrauen in die Class. Falls du kein Vertrauen spürst, geh lieber woanders hin. Und falls du dich dauerhaft nicht wohlfühlst, kein guter Draht zwischen euch entsteht, wechsle den/die Trainer:in. Tanzen ist persönlich, so intim, so ein Herzenssport, dass Vertrauen und ein Gefühl von „ja, ich öffne mich gerne" sehr wichtig sind.

Gefallen dir die Bewegungen und die Musik? Kann dein Körper sie umsetzen, beginnt er zumindest damit und spürst du Lust dazu? Gefällt dir die Atmosphäre, die dabei entsteht? Fühlst du dich wohl und inspiriert? Kannst du mit den Anregungen des Trainers/der Trainerin etwas anfangen? Kannst du sie umsetzen? Wenn ja, dann passt es zu dir.

Wenn du dich allerdings dauerhaft unwohl fühlst, dich verspannst oder nicht verstehst, was der/die Trainer:in will, oder du dich falsch gesehen fühlst, dann such das Gespräch und stell Fragen. Sollte es so bleiben, such dir einen anderen Kurs. Vielleicht passen Trainer:in oder Tanzart nicht – das gibt es.

Korrekturen der Tanztrainer:innen kannst du als liebevolles Angebot sehen. Lehne sie nicht ab. Nimm sie jedoch auch nicht als einzig wahren Weg. Überprüfe sie für dich. Stell Fragen, erforsche, probiere aus und gib dir und dem Tanz eine Chance.

Tipps zu Anstrengung und Entspannung

Es gibt „gut anstrengend" und „schlecht anstrengend". „Schlecht anstrengend" bringt dich auf Dauer nicht weiter, zieht dich runter. „Gut anstrengend" dagegen kann zwar erstmal anstrengend sein und dich mit Grenzen konfrontieren, aber es bringt dich weiter. Du wächst über dich hinaus. Möglicherweise musst du dich „durchkämpfen" und denkst zuerst „das lern ich nie!" So ging es mir, als ich Samba lernte. Später wurde es mein Lieblingstanz.

Tu so, als ob es schon so ist, wie du es haben willst. Du wirst sehen: Es wird. Vor allem: Tanz mit dir, nimm dir Zeit und genieße die Reise! Hab mit dir und deinem Körper Geduld. Vertraue, dass sich die Tanzschritte, Moves und Bewegungen mit jeder Session in deinem Gehirn mehr festigen. Die Autobahnen werden gebaut. Dein Körper wird die Bewegungen immer leichter und leichter umsetzen.

Und es gibt diese wunderbaren Durchbrüche! Manchmal denkst du wochen- sogar monatelang: „Wie soll ich das hinbekommen, dass ich da die Füße kreuze oder die Drehung so schnell geht? Wann kann ich endlich so richtig frei im Flow tanzen, dass es mir wirklich egal ist, ob jemand zuschaut? Wann macht es Klick?" Sei sicher: Irgendwann platzt plötzlich der Knoten. Vertrau darauf. Du wirst belohnt: Deine Energie wird mehr, dein Tanz flüssiger, deine Technik besser. Loslassen, entspannen, sich hingeben. Dein Körper „versteht" etwas, er kann es plötzlich umsetzen. Die Moves gehen dir in Fleisch und Blut über.

Du kannst es auch daran erkennen: Der Indikator, dein Gradmesser ist deine Freude! Es fühlt sich grundsätzlich gut an. Du gehst mit mehr Energie und Freude raus aus den Stunden. Und du hast irgendwann das klare, sichere Gefühl: „Ja, ich tanze! Mir ist egal, wie es aussieht oder ob jemand zuguckt. Ich vergesse all das, was mich abhält. Es ist leicht und macht einfach Spaß!"

> Ja, ich tanze! Mir ist egal, wie es aussieht oder ob jemand zuguckt. Ich vergesse all das, was mich abhält. Es ist leicht und macht einfach Spaß!

Jede Choreografie, alle Schritte sind ein Angebot, und du füllst es mit Lebendigkeit! Mit deinem Stil, deiner Art, dich zu bewegen! Tanz also auch ein Stück weit so, wie deine Füße dich tragen. Ohne Druck. Mach einfach. Wie, ist zunächst einmal egal. Du weißt ja: Es gibt keine Fehler! Nur Kreationen. Deine Kreationen! Erstmal ist wichtig, dass du beginnst, dass du tanzt. Du! Und dass deine Lust am Tanzen geweckt ist und sich ausbreiten darf.

ÜBUNG: Ein Hoch auf die Kreationen!

Wenn deine „Kreationen" aufkreuzen anstatt der Schritte, die du machen wolltest, und falls du dann versucht bist, dich darüber und über dich zu ärgern oder gar aufzugeben ... lass es! Stattdessen: Lache! Freu dich über deine Kreativität. So machst du es dir selbst am einfachsten. Und nimmst dem Ganzen die Schwere. Erleichterst deinem Gehirn die Moves, den Takt, die Bewegungen jetzt wirklich zu behalten und hilfst deinem Körper, ganz bald auch so zu tanzen., wie du es dir vorstellst.

Lade dir die Übung herunter: S. 139

Tanzschuhe und Outfit – einen schlanken Fuß machen

Welche Schuhe sind beim Tanzen eigentlich sinnvoll, für sichere Schritte, um nicht umzuknicken oder sich die Haxen zu brechen? „High Heels garantiert nicht", hör ich oft. „Hilfe! Kann ich gar nicht drauf laufen." Also lieber flache Schuhe oder Sneakers? Oder gar barfuß?

Wann geht barfuß tanzen? Bei einigen freien Tänzen, etwa NIA. Hast du Lust, die Schuhe zum Tanzen auszuziehen? Herrlich! Ich kann es absolut empfehlen. Schuhe aus und los! Einfach barfuß tanzen. Das geht super und ist sehr gesund. Ganz ohne Schuhe, ich liebe das. Es tut meinen Füßen gut und dem ganzen Körper, durch die Stimulation sämtlicher Fußreflexzonen und die Aufrichtung von der Basis her, von den Füßen aus.

Kalte Füße gibt's da nicht, denn durch das Barfußtanzen arbeitet der Fuß ganz anders. Die Muskeln werden intensiv trainiert, mehr als in Schuhen, somit gut durchblutet, gestärkt und schön warm. Socken sind eher hinderlich und gefährlich. Auf ihnen rutschst du schnell aus. Barfuß hast du einen super Grip, also tollen Halt am Boden. Die Zehen arbeiten gut. Umknicken oder Fallen ist dann kaum ein Thema. Gerade in freien Tänzen wie Soul Motion brauchen wir auch keine Schuhe.

Bei vielen klassischen Tanzarten schon. Für den Halt, die Stabilität und den Schutz der Füße. Entweder flache Schuhe wie beim Jazz- und Modern Dance oder beim West Coast Swing. Oder hohe Schuhe wie bei Standard/Latein und Tango. Alle diese Schuhe haben eins gemeinsam: Wildledersohlen für einen festen, sicheren Halt am Boden. Sie werden gern mit einer Metallbürste aufgeraut und dann tritt man in Wachsflocken, die dafür sorgen, dass die Sohle so richtig schön Grip hat auf dem Parkett. Um ein Ausrutschen zu verhindern. Wichtig ist eine flexible, dünne und griffige Sohle, damit der Fuß gut und sicher arbeiten kann. Das kann schon mal für Muskelkater in den Füßen sorgen. Heute gibt es auch vegane Tanzschuhe. Ich habe selbst welche, sie sind super.

Natürlich kannst du Schuhe online kaufen. Aber probiere Schuhe immer vorher an. Sie müssen super sitzen, weich und anschmiegsam, wie eine zweite Haut, ohne Drücken, mit gutem Halt. Die Höhe und Form des Absatzes hängt von der Tanzart ab. Lass dich im Fachgeschäft beraten, um Fehlkäufe zu vermeiden.

Die gute Nachricht: High Heels sind kein Muss mehr! Tango geht auch niedriger, Salsa und Bachata auch. Hauptsache wohlfühlen und sich gut bewegen können. Ausprobieren! Es gibt auch schicke Tanzschuhe mit recht niedrigem Absatz, etwa 4 cm, und sie sehen toll aus. Es müssen also nicht richtig hohe 8–10-cm-Absätze sein. Viele Frauen haben das Problem, dass sie auf hohen Schuhen nicht laufen können oder mögen. Geschweige denn tanzen! Keine Angst, wenn du willst, kannst du das lernen: In manchen Tanzschulen gibt es High-Heel-Kurse. Ich persönlich liebe High Heels. Meine Füße leider nicht mehr so und ich stecke sie auch nur noch selten hinein. Ich finde, es ist ein ganz anderes und sehr weibliches, sexy Gefühl, auf hohen Schuhen zu laufen und zu tanzen. I love it. Scheue mich aber auch nicht, sie auszuziehen. Und ich investiere immer in sehr gute Schuhe von hoher Qualität.

Bei vielen anderen Tanzarten gehen auch Sneaker. Am besten spezielle Tanzsneaker. Bei Hip-Hop oder Breakdance etwa. Zum Ballett tragen die Tänzer:innen Schläppchen aus Leinen oder Leder mit geteilter Sohle zum Durchdrücken des Fußes. Eine geteilte Sohle haben auch andere Tanzschuhe, z.B. für Jazzdance oder Hip-Hop. Das gibt den Füßen Bewegungsfreiheit.

Um das Tanzen sicher zu machen, sind die richtigen Schuhe tatsächlich sehr wichtig. Die passende Kleidung ist hingegen nur nice to have. Du kannst einfach in den Klamotten anfangen zu tanzen, die dein Kleiderschrank hergibt. Du brauchst nichts Neues, um zu starten! Zieh aber etwas an, in dem du dich wohlfühlst und gut bewegen kannst! Wo nichts verrutscht oder rausfällt. Es sollte sich locker und frei anfühlen. Weit, aber nicht so, dass du dich verhedderst. Gut sitzend, aber nicht zu eng. Beim freien Tanzen reichen bequeme Leggings und T-Shirt. Paartanz ist eine schöne Gelegenheit, Kleid oder Rock zu tragen, das ist aber kein Muss. Du fühlst dich dann anders und strahlst das auch aus. Und in einem Rock oder Kleid kann man sich oft tatsächlich besser „untenrum" bewegen. Es macht Spaß, wenn die Röcke beim Drehen so schön schwingen, finde ich. Das Wichtigste aber ist: Du fühlst dich gut und startklar!

Natürlich gibt es jede Menge Anbieter für gigantisch schöne Tanzklamotten: Kleider, Hosen, Röcke, Tops. Herrlich! Teilweise echte Traumkleider. Zum Schwelgen im Prinzessinnen- oder Barbie-Modus. Online und in Spezialgeschäften. Das Schöne daran: Die Stoffe sitzen oft wie eine zweite Haut, fühlen sich super an und lassen uns figurtechnisch immer gut aussehen. Das macht natürlich Freude. Außerdem lassen sie sich leicht pflegen und halten viele Jahre, wenn es gute Qualität ist. Kannst du nach dem Tanzen und Schwitzen ratzfatz waschen und wieder anziehen, die sind sehr schnell trocken. Ohne bügeln, versteht sich. Gott sei Dank. Und in der Freizeit sehen sie auch klasse aus. Also sehr nachhaltig. Gut fürs Budget und fürs Klima.

Schuhe aus und los!
Einfach barfuß tanzen.

Die passende Musik

Welche Beats dich aus dem Sessel springen lassen, bei welchen Klängen du einfach lostanzen musst, das spürst du sicher oder hast es vielleicht schon beim Tanzart-Finden (ab Seite 98) geklärt. Du weißt, was dich „danceable" macht, hast bestimmt deine Favoriten in deiner Playlist. Was nun aber, wenn dir die Musik in einer Class, im Kurs nicht gefällt? Ganz ehrlich: Sowas wird es immer mal geben. Und das Tolle ist: Du kannst das nutzen! Wozu? Um dich zu befreien von der Abhängigkeit: „Ich kann nur tanzen, wenn ich die Musik total mag." Ok, du musst und sollst nicht zu Musik tanzen, die völlig konträr zu deinem Geschmack ist. Sondern: Gib der Musik eine Chance und tanz einfach danach. Ich kann dir versprechen: Du wirst Neues entdecken. Dass ganz andere Moves entstehen und du die innere Fähigkeit stärkst, von Umständen unabhängig zu sein.

Was viele nicht wissen: Es gibt eine Menge aktueller Hits, Popsongs und Chartbreaker, nach denen du klassische Tänze tanzen kannst, also Standard/Latein. Wird in Tanzschulen oft praktiziert, als Gegenmittel zum „Verstaubt-Image".

Optimale Vorbereitung des Körpers vorm Tanzen

» Einigermaßen ausgeruht zum Tanzen gehen, aber auch darauf vertrauen, dass sich dort dein Akku wieder auflädt. Es kann übrigens gut sein, dass du durchs Tanzen besser schläfst: tiefer, länger, erholsamer.

» Tanzen und Essen: Am besten isst du zwei Stunden vorher nichts mehr. Vergleiche einmal: Wie fühlst du dich beim Tanzen mit vollem Bauch oder wenn du zwei Stunden vorher nichts mehr gegessen hast? Du wirst ein ganz anderes Tanz- und Körpererlebnis haben.

» Viel Wasser trinken!

» Macht sicher und sympathisch: vorher Zähne putzen, Deo verwenden, Pfefferminzdrops lutschen.

» Parfum eher nicht, denn vielleicht mag jemand in deiner Nähe den Duft nicht.

Endlich:
Dance, like
nobody is
watching

Get moving!

So, und jetzt wird's ernst … nun fordere ich dich zum Tanz auf: Lass uns starten! Falls du bisher keinen ersten Tanzschritt gewagt hast oder nicht weißt, wie du praktisch anfangen sollst, wirklich ins Tanzen zu kommen, obwohl du willst, dann: Lass mich deine Kick-ass-Partnerin sein! Ich trete dich jetzt liebevoll in den Allerwertesten und frage dich: „Wann, wenn nicht jetzt???" Starte. Einfach. Jetzt. Just. Do. It. Dance!

Der Schweinehund scheint immer noch stärker? So bekommst du dich auf den Dancefloor:

Selbstüberlistungsstrategie in drei Schritten

Schritt 1: Deine Entscheidung

Es ist superwichtig, dass du dich innerlich für das Tanzen entscheidest. Also: Du willst tanzen? Ja? Gut. Dann bekräftige deine Entscheidung! Sag laut: „Ja, ich tue es, ich tanze jetzt!" So hören es deine Ohren und dein Gehirn. Das hilft tatsächlich beim Umsetzen. In meinen Coachings sage ich zu meinen Coachees gerne: „Geh los, mach dein Ding! Ab ins Challenge-Gespräch, in die Präsentation oder auf die Bühne, vor die Kamera – was auch immer es ist, tu es!" Und zwar so: Fang an, noch bevor du dich bereit fühlst! Mach dich unabhängig und frei von Umständen.

Schritt 2: Deine Wahl

Nach deiner klaren Entscheidung triffst du jetzt deine Wahl für deine Tanzart. Vielleicht hast du schon eine im Auge, auf die du Lust hast. Falls nicht, check das im Kapitel zur Tanzpraxis ab Seite 97. Wichtig: Mach deinen Start nicht abhängig davon, ob du schon eine:n Partner:in hast. Wenn du Lust hast zu tanzen, auszuprobieren, dann fang an! Selbst, wenn die Umstände noch nicht perfekt erscheinen oder du Respekt davor hast – egal! Das Weitere findet sich. Sobald du angefangen hast.

Schritt 3: Deine Vereinbarung mit dir selbst

Du hast es entschieden, du hast gewählt, jetzt tust du es: Du meldest dich an! Am besten heute. Mach es fix – auf jeden Fall für eine Probestunde, Schnuppersession. Egal, ob allein oder mit Partner:in. Das machst du jetzt. Bist dir selbst treu, verbindlich. Du findest sicher etwas Passendes – es gibt extrem viel Auswahl: in Tanzschulen, VHS-Kursen, Online-Portalen. Wo auch immer. Anmelden!

Die Chance, dass du es wirklich tust, erhöht sich, wenn du deine Entscheidung mit einer Freundin oder deinem/r Partner:in teilst. Dich auch dieser Person gegenüber laut committest. Lass sie dein Buddy sein. Sie/er will dein Bestes und wird dich erinnern, super unterstützen, deinem Herzen zu folgen: Du tanzt jetzt!

Notfall-Dranbleib-Tipps

1. **GIB DIR ZEIT** zum Reinkommen, Warmwerden, Lernen, Üben. Deinen-Flow-Finden. Dich Freitanzen.
2. **TANZE VOR ALLEM MIT DEM HERZEN,** weniger mit dem Kopf.
3. **BLEIB BEI DIR,** vergleiche dich nicht mit anderen. Konzentriere dich auf dich, deinen Körper und das, was dir Spaß macht.
4. **VERSUCHE NIEMANDEN 1:1 ZU KOPIEREN.** Geht nur in die Hose. Erspüre lieber deinen eigenen Style, Ausdruck und geh da tiefer rein. Natürlich kannst du dir Inspiration von anderen und ihrer Art zu tanzen holen. Du wirst ihre Moves automatisch mit deinen mischen. Das kann anregend sein und viel Spaß machen.
5. **LASS DICH VON DER MUSIK BEWEGEN UND BERÜHREN,** so dass sie dich bewegen kann. Ordne dich ihr unter. Lausche, was sie dir sagt, welche Impulse sie dir gibt, damit du dich bewegen kannst: Rhythmus, Takt, Melodie, Instrumente, Pausen.
6. Um Moves oder Schritte zu lernen und zu verinnerlichen, tanze sie langsam wie in Slowmotion, wiederhole sie immer und immer wieder. Auch, wenn es nur eine einzige Bewegung oder ein Schritt ist. **IN KLEINEN HAPPEN** bleibt es besser hängen. Dein Gehirn liebt das.

7. **ZÄHLE. UND ZÄHLE LAUT!** Wenn du Lust hast, zähl den Takt als Zahlen oder Silben, wie „da da da", „chaka die, chaka die, bum", was auch immer intuitiv aus dir rauskommt. Unser Gehirn liebt so etwas beim Lernen. Unser Körper kann Bewegung mit solchen Gebrabbel-Ansagen leichter umsetzen.

8. **GUCK NICHT AUF DEINE FÜSSE,** wenn du tanzt. Die schaffen das ohne deinen Kontroll-Blick besser. Vertrau ihnen!

9. **VERZWEIFLE NICHT,** wenn du Schritte oder Moves erst nicht hinbekommst. Wenn du so etwas denkst wie: „Ich hab das doch jetzt vom Hirn her kapiert. Wieso machen meine Füße was anderes?" Das liegt daran, dass dein System es erstmal verarbeiten muss. Gib dir Zeit. Und ihm. Bleib dran, wiederhole und mach unbedingt Pausen zum Sackenlassen! Irgendwann macht es Klick! Automatisch. Und es sitzt. Dann ist die Autobahn in deinem Gehirn fertig gebaut.

10. **TANZEN GIBT DIR ENERGIE.** Achtung: Eine Nebenwirkung kann sein, dass die Pfunde purzeln, weil du dich viel bewegst und endlich etwas gefunden hast, was dich einfach glücklich macht.

11. **FREI TANZEN IST EIN ABENTEUER.** Wage dich rein in dieses scheinbar (!) planlose, chaotische Tanzen und Bewegen. Tu es, ohne zu denken und zu analysieren. Hör auf, zu glauben, du müsstest dich dabei selbst optimieren. So entdeckst du dich neu und entfaltest dein ganzes Bewegungspotenzial.

12. **HAB GEDULD! HAB GEDULD. HAB GEDULD!** Mit dir, mit deinem Körper, mit anderen.

13. **GIB ALLEM EINE CHANCE, DEINS ZU WERDEN.** Nur wenn länger gar nichts geht, dann wechsle die Tanzart. Change it, love it or leave it.

Dein Tanz durchs Leben

Und jetzt: Tanze! So, als ob dir niemand zuschaut. Auf dem Dancefloor und im Leben. Trau dich. Tanz aus der Reihe. Tanze deinen Tanz. Mit deinen tollen Kreationen. Freu dich drüber und bewundere sie! Das wünsche ich dir von Herzen. Erinnere dich immer wieder: Du kannst tanzen! Du hast alles, was du als Basis brauchst, in dir. Deine weibliche Ur-Kraft, deine Bewegungsimpulse, deinen Ausdruck. Du kannst deine Stimme erheben, Selbstzweifel verwandeln in Sicherheit und in Vertrauen. In ein klares Gefühl für dich, deinen Körper, dein Tempo. Du weißt ja: einen Schritt nach dem anderen. Schön mit aufrechter Haltung, guter Bodenhaftung.

....

Und schnapp dir immer wieder den 1. Schlüssel: Entscheide dich für die Freude!

....

Schreib dir in deinem Notizbuch gerne weiter auf, was sich Gutes entwickelt mit deinem Tanzen. Und genieße das. Bleib dran, trau dich. Und wenn es mal anders läuft als geplant:

....

Enjoy the chaos! And your creations. Dance, like nobody's watching you. Egal, wer zuschaut. Oder wie viele. Du tanzt jetzt!

....

Ich bin sicher, dein Tanzen wirkt sich auch positiv auf dein alltägliches Leben aus. Wenn du Lust hast, deine guten Erfahrungen zu teilen, schreib mir gerne. Und ich würde mich freuen, dich einmal auf einem Dancefloor dieser Welt zu treffen!

Starte.
Einfach.
Jetzt.
Just. Do. It.
Dance!

Alle Übungen im Überblick

14 Just do it ①
Frei tanzen in einem geschützten Raum und den Impulsen des Körpers folgen (5–10 Minuten)

18 Kopfpause – tanzen statt denken
Gedanken abschalten, Kreativität und Emotionen fördern

26 Vorher-nachher-Tanz
Feststellen, wie uns Tanzen verändert – äußerlich sowie innerlich

27 Add-on: dein Tanznotizbuch
Wie geht es dir beim Tanzen? Schreib es auf!

28 „Shake it out, Baby!" – deine Blitzentspannung
Verspannungen ausschütteln – vor dem Tanzen und zwischendurch

34 Power-Mitte für Sicherheit und Stabilität – von tief unten kommt die Kraft
Unsere Base, Beckenboden und Co. stärken

35 Morgen-Tanzmeditation – Sunrise-Energy-Dance
Meditation im Pyjama: zum Aufwachen und Fokussieren auf den neuen Tag

44 Sicher tanzen durch eine starke Verbindung mit deinen Füßen
Die Wahrnehmung der Füße stärken und für Bodenhaftung sorgen

46 Der Schlüssel zum Gleichgewicht
Bewusste und stabile Gewichtsverlagerung unterstützt das Gleichgewicht

60 Just do it ② – intensiver tanzen
Freies Tanzen zum Lieblingssong, bewusst die eigene Bewegungen erforschen – leicht und ohne Druck

64 Selbstliebe zum Wachsen
Welche Körperteile mag ich, welche nicht? Wie fühlen sie sich (an)?

72 Geh in den Empfangsmodus
Freies Tanzen – folge den Impulsen deines Körpers

73 Let it flow. Female Power
Durch die Hüften, das Becken und die Schultern die weibliche Kraft spüren

76 Sounding
Die eigene Stimme und den Atem in Bewegungen erleben

83 Tanz deine Gefühle
Durch das Tanzen Gefühle bewusst wahrnehmen und steuern

Stichwortverzeichnis

93 **Zusammen tanzen ohne Worte**
Kommunikation durch Bewegung, ohne Berührung

99 **Deine Tanzart erfühlen – Hilfe beim Auswählen**
Welche Musik und welche Tänze magst du wirklich? Was passt zu dir?

126 **Ein Hoch auf die Kreationen!**
Lachen statt Ärgern über „falsche" Bewegungen

Sämtliche Übungen kannst du downloaden!

https://www.styriabooks.at/qr/dance/downloads

Altersvorsorge 32
Alzheimer 30
Anstrengung 124
Balance 20, 30, 32, 33, 34, 42
Ballett 105–106
Bauchtanz 75
Beckenboden 33, 34, 75
Berührung 25, 88, 90
Beziehungen 87, 90
Demenz 11, 30, 31
Depression 30, 38
Entspannung, 22, 25, 26, 28, 53, 102, 124
Führung 41, 78–81, 110
Gehirn 20–26, 30–32, 47, 95, 134
Gleichgewicht 20, 28, 32–34, 44, 46
Grounding 43, 46
Hormone 24–26, 29, 35, 38, 89
Immunsystem 20, 25, 29
Knochen 31, 32
Muskeln 20, 28, 32, 38
Mut 50, 51, 54, 72, 77
Neuroplastizität 22
NIA 13, 52, 101, 103, 104, 121
Paartanz 78–79, 81, 108–111
Prävention 32
Scham 47, 55, 56, 58, 59, 60
Schmerzen 17, 35, 70, 87
Selbstbewusstsein 62, 76, 77, 92
Selbstliebe 16, 63–65, 67, 70–72
Sounding 76, 77
Stress 20, 25, 28, 29, 69
Tanzarten 98, 102, 105, 106, 108, 110, 112, 114
Tanzkurse 120, 122, 123, 133
Tanzpartner:in 80–81, 91, 92, 103, 120, 121
Wechseljahre 31, 38
Weiblichkeit 70–75

Danke

Felix & Piet Ich bin so dankbar, dass es euch gibt. Danke, dass ihr so manchen wilden Tanz mittanzt. Und wenn ich aus der Reihe tanze, es mit Humor, Liebe und Gelassenheit nehmt.

Anna, Catharina & Chantale Danke für euch und dass ihr mir euren wunderschönen Tanz zeigt.

Ingo Danke für deine Liebe, Bestärkung und unseren Austausch.

Uwe Ich danke dir für deine Liebe und dein Da-Sein.

Clemens So viele gemeinsame Tänze durchs Leben. Danke für deine Bruderliebe und dass wir uns so gut ergänzen.

Mum Ich danke dir für deine Liebe, dass du mich immer gefördert und an mich geglaubt hast.

Paps Danke für dich und deine Liebe. Ich freue mich auf einen neuen Tanz im Himmel mit dir.

Ann Turkish miracle 1999. Stepping in the unknown. Danke, my friend, für unsere so tiefgehende Tanzreise. Learnings and healings. Dein Wissen, Deinen Humor, Dein Vertrauen. No words.

Horst So erstklassig, was ich beim Tanzen von dir lernen und mit dir erleben durfte. Ich danke dir.

Julia Dein fröhliches Herz im Himmel und die Füße bodenständig, tief verwurzelt. So lässt es sich zusammen tanzen! Danke von Herzen für deinen Support und dein segensreiches Feedback.

Marietta Du Fels in meinem Leben. Danke für unsere Freundschaft mit Standleitung und deine stärkenden Profi-Impulse in diesem Abenteuer.

Bruno Mon ami, merci beaucoup für deinen Erfahrungsschatz. Merci pour ton soutien et ta joie.

Kirsten Alle Farben des Schreibens in dir. Danke für dein gutes Muss, dein an meiner Seite sein.

Szilvia & Reinier Macht nix. Ja! Beschenkt bin ich mit eurer Inspiration, eurem festen Glauben.

Anke & Kathrin Mein immergrünes Kleeblatt. Ihr seid einfach großartig. Danke.

Ulrike Du hast es so früh gesehen. Die Reise geht weiter. Du Wunder-volle Gefährtin. Ich danke dir.

Birgit Danke für deine Liebe, dein Lachen und unsere treue Freundschaft.

Günter Ich danke dir für deine Vision und deinen tiefen Glauben an mein Licht.

Connie Du Liebevolle – danke von Herzen für deinen Rückenwind und unsere Freundschaft.

Richard Du kreativer Pionier. Getanzte Lebensfreude – im Film wie im Leben. Merci.

Ilka Du bist ein Geschenk. Und was für eins! Danke für deinen herrlichen Humor. Dein Verstehen und Feingefühl. Deine Weisheit, deinen Respekt und deine Wertschätzung. Dass du jeden einzelnen Schritt in jedem Rhythmus mit mir mitgetanzt hast. Diese Reise mit dir war ein einziges Glück.

Nicole Du bringst das Licht zum Leuchten. Danke für deine liebevollen, magischen Hände.

Julia Knop Du siehst mich, sogar tanzend, in über 1000 Bildern. Danke für deinen Blick.

Else Danke für dein klares, wertvolles Feedback und das beste Lektorat der Welt.

Rita & Toby Danke für euch und unsere jahrelange, wunderbare und fruchtbare Zusammenarbeit.

Britta Sand Danke, dass du dein Wissen als Tanztherapeutin teilst. Du Einzigartige, Strahlende!

Dr. Gabi Bender Danke für deine erstklassige, fachliche Unterstützung.

Prof. Dr. Oliver Heese Auch als „Nichttänzer" ;-), danke für das fachliche Feedback.

Herzlichen Dank an all meine NIA-Kolleginnen und Kollegen, alle Tanzpartner:innen und Trainer:innen, denen ich begegnen durfte, für die bereichernden Erlebnisse beim Tanzen, in Trainings und Ausbildungen. Genauso danke ich allen Coachees und Teilnehmer:innen in meinen Tanz-Sessions oder Workshops für euer Tanzen mit mir, eure Erlebnisse und Erfahrungen, die ihr mit mir teilt und die mich beim Schreiben dieses Buches inspiriert haben.

DANKE.

Allgemeine Links

Tanzarten

In Wikipedia gibt es fast zu jedem Tanz einen Eintrag und weiterführende Links
https://de.wikipedia.org/wiki/Liste_von_T%C3%A4nzen

Discofox https://de.wikipedia.org/wiki/Discofox

West Coast Swing https://de.wikipedia.org/wiki/West_Coast_Swing

Country/Westerntanz www.bfcw.com, https://www.acwda.at/, https://www.countrydance.ch/, https://www.linedance-point.ch/

Rock'n' Roll/Boogie-Woogie www.drbv.de, https://oerbv.at/, https://www.tanzvereinigung-schweiz.ch/de/

Gardetänze und Karnevalistische https://dvg-tanzsport.de/start, www.tanzsport-karnevaldeutschland.de

Cheerleading http://www.afvd.de/cheerleading/, https://swisscheer.ch/about/, https://oeccv.at/

Formationstanzsport https://www.tanzsport.de/de/sportwelt/formationen-standard-latein, http://www.formationstanzsport.at/, https://duz.ch/formation/

Volkstänze https://www.bvfdt.de/, https://volkstanz.de/, https://volkstanz.at/, https://www.trachtenvereinigung.ch/de/kommissionen/volkstanzkommission

Rollstuhltanz

https://drs.org/tanzen/

https://www.rolli-dancedream.at/

http://www.rollstuhltanz.ch/

https://www.tanzsport.de/de/sportwelt/fachverbaende/rollstuhltanzsport

https://www.wheelchairdancesportteam-austria.at/

Tanzen und älter werden

https://erlebnis-tanz.org

https://seniorentanz.at/

https://www.seniorentanz.ch/

Verbände

https://www.acwda.at/

https://www.dachverband-tanz.de/home

https://www.dancesport.ch

https://www.dancesport.ch/stsv-vereine/

https://www.dansesuisse.ch/de/tanzverband/ueber-uns

https://www.drbv.de

https://oerbv.at/

https://www.tanzschulen.com/

https://www.tanzsport.de/de/

https://www.tanzsportverband.at/

https://www.tanzstudios.at/

https://www.tanzvereinigung-schweiz.ch

Tanzpädagogik

https://www.deutscherbundesverbandtanz.de/vernetzung/kooperationen/dbft/

https://www.deutscherbundesverbandtanz.de/tanzpaedagogik/

https://www.tanzpaedagogik.at/

https://www.tanzvereinigung-schweiz.ch/de/tanzinteressierte/bildungsverzeichnis/tanzpaedagogik

 Die Adressen kannst du downloaden!

https://www.styriabooks.at/qr/dance/downloads

Quellen

(0) Spektrum der Wissenschaft Kompakt (2020), Gesunde Bewegung im Takt: Tanzen, Heidelberg: Spektrum der Wissenschaft

Prof. Dr. med. Oliver Heese (09/2023), Chefarzt für Neurochirurgie und Wirbelsäulenchirurgie/Leiter Onkologisches Zentrum, Helios Kliniken Schwerin

Dr. med. Gabriele Bender, Neurologin, Psychiaterin (09/2023), Lüneburg

(1) Hüther, G (2023), Du kannst auch noch mit 85 Chinesisch lernen! https://www.youtube.com/watch?v=mJCcnRyZMtk, https://www.gerald-huether.de/

(2) Christensen, JF; Chang, DS (2018), Tanzen ist die beste Medizin, Hamburg: Rowohlt

(3) Winkler, I; Háden, GP; Ladinig, O; Sziller, I; Honing, H (2009), Newborn infants detect the beat in music https://pubmed.ncbi.nlm.nih.gov/19171894/

(4) Zentner, M; Eerola, T (2010), Rhythmic engagement with music in infancy https://www.ncbi.nlm.nih.gov/pmc/articles/PMC2851927/

(5) https://www.forbes.com/sites/christinecomaford/2020/08/22/are-you-getting-enough-hugs/

Inagaki, TK; Eisenberger, NI (2011), Neural correlates of giving support to a loved one https://pubmed.ncbi.nlm.nih.gov/22071630/

Comaford, C (2020), Are You Getting Enough Hugs?

(6) Murphy, MLM; Janicki-Deverts, D; Cohen, S (2018), Receiving a hug is associated with the attenuation of negative mood that occurs on days with interpersonal conflict https://pubmed.ncbi.nlm.nih.gov/30281606/

(7) Keshmiri, S; Sumioka, H; Nakanishi, J; Ishiguro, H (2018), Bodily-Contact Communication Medium Induces Relaxed Mode of Brain Activity While Increasing Its Dynamical Complexity: A Pilot Study https://pubmed.ncbi.nlm.nih.gov/30050488/

(8) King, DE; Carek, P; Mainous AG 3rd; Pearson, WS (2003), Inflammatory markers and exercise: differences related to exercise type https://pubmed.ncbi.nlm.nih.gov/12673139/

(9) Fancourt, D; Ockelford, A; Belai, A (2013), The psychoneuroimmunological effects of music: a systematic review and a new model https://pubmed.ncbi.nlm.nih.gov/24157429/

Rebecchini, Lavinia (2021), Music, mental health, and immunity https://www.sciencedirect.com/science/article/pii/S2666354621001770

(10) Kreutz, G (2019), Tanzen – Glücklich mit Tango, Salsa und Co., Gießen: Psychosozial-Verlag

(11) Verghese, J; Lipton, RB; Katz, MJ; Hall, CB; Derby, CA; Kuslansky, G; Ambrose, AF; Sliwinski, M; Buschke, H (2003), Leisure activities and the risk of dementia in the elderly https://pubmed.ncbi.nlm.nih.gov/12815136/

Müller, P; Stiebler, M; Schreiber, S; Braun-Dullaeus, R; Hökelmann, A; Müller, NG (2021), Bewegung gegen Vergesslichkeit: Besonders Tanzen beugt Demenz vor https://link.springer.com/article/10.1007/s42090-021-1297-5#citeas

(12) PD Dr. Pötter-Nerger, M; UKE Hamburg (2023), Welt-Parkinson-Tag: Mit Tanzen der chronischen Nervenerkrankung trotzen https://www.uke.de/allgemein/presse/pressemitteilungen/detailseite_134155.html, https://www.youtube.com/watch?v=KWOfP1cvyVI

Kalyani, HHN; Sullivan, KA; Moyle, G; Brauer, S; Jeffrey, ER; Kerr, GK (2019), Impacts of dance on cognition, psychological symptoms and quality of life in Parkinson's disease https://content.iospress.com/articles/neurorehabilitation/nre192788

(13) Quinten, S (2011), Tanztherapie als Baustein eines multimodalen Behandlungsprogramms bei chronischen Schmerzen https://www.thieme-connect.com/products/ejournals/abstract/ 10.1055/s-0031-1271574

(14) Schmidt, T; Hermes, A; Weisser, B (2017), Der Einfluss von körperlichem Training auf das Immunsystem von Brustkrebspatienten https://www.germanjournalsportsmedicine.com/fileadmin/content/archiv2017/Heft_3/Erweitertes Abstract_Schmidt_Training_Breast_Cancer_Patients_2017-03.pdf

(15) https://anniann.com/de/

(16) Connor, S:
Wie schön du bist.
https://www.youtube.com/watch?v=1gDbpWC_9pE

(17) https://de.wikipedia.org/wiki/Embodiment#:~:text=Embodiment%20(deutsch%3A%20Verk%C3%B6rperung%2C%20Inkarnation,also%20eine%20physische%20Interaktion%20voraussetzt.

(18) https://www.andreajuhan.com/about

(19) https://www.gtf-tanzforschung.de/home/

https://www.btd-tanztherapie.de/

http://www.brittasand.de

(20) Sammler, D; Sarkhosh, K (2022), Im Gleichklang. Wie sich beim Musizieren Finger, Noten und Gehirne koordinieren https://www.mpg.de/18184232/solo-und-duett#:~:text=%E2%80%9EWenn%20Menschen%20ihre%20Handlungen%20aufeinander,wird%20%E2%80%9Ainterbrain%20synchrony'%20genannt

(21) https://www.tanzsport.de/

(22) https://taf-germany.de/

(23) https://de.wikipedia.org/wiki/Liste_von_T%C3%A4nzen

(24) https://nianow.com/

(25) https://www.tanzsport.de/de/sportwelt/breaking/olympia-2024

(26) Deutscher Tanzsportverband e.V.: https://www.tanzsport.de/de/sportwelt/standard-und-latein/news

Allgemeiner Deutscher Tanzlehrerverband e.V.: https://adtv.de/

(27) https://drs.org/tanzen/

https://www.tanzsport.de/de/sportwelt/fachverbaende/rollstuhltanzsport

(28) https://www.bvfdt.de/
Pepper, K (2022) Die neue indigene Welle, tanz.dance, Berlin https://tanz.dance/die-neue-indigene-welle/

(29) https://www.equalitydancing.de/ (01.02.24)

https://www.tanzsport.de/de/sportwelt/fachverbaende/equality (01.02.24)

http://www.equalitydanceswitzerland.ch/kontakt/ (01.02.24)

http://www.tanztrend.com/schwules-lesbisches-tanzen-in-wien/ (07.02.24)

(30) https://www.unesco.de/kultur-und-natur/immaterielles-kulturerbe/immaterielles-kulturerbe-weltweit/moderner-tanz-unesco#:~:text=Die%20UNESCO%2hat%20heute%20die,B%C3%BChnen%20wie%20Tanzausbildung%20gleicherma%C3%9Fen%20pr%C3%A4gt

(31) https://www.ots.at/presseaussendung/OTS_20171110_OTS0112/wiener-walzer-als-unesco-kulturerbe-anerkannt-bild

---

Abrufdatum sämtlicher Links ist der 05.02.2024. Die Liste der Allgemeinen Links erhebt keinen Anspruch auf Vollständigkeit, die Inhalte dienen der Inspiration und Information. Eine Haftung für die Richtigkeit, Vollständigkeit und Aktualität kann nicht übernommen werden.

Die Quellen kannst du downloaden!

https://www.styriabooks.at/qr/dance/downloads

Liebe Leserin,
lieber Leser,

hat dir dieses Buch gefallen?
Dann freuen wir uns über deine Weiterempfehlung.
Erzähle davon im Freundeskreis, berichte deiner Buchhändlerin
oder bewerte beim Onlinekauf.

Wünschst du weitere Informationen?
Möchtest du mit der Autorin in Kontakt treten?
Wir freuen uns auf Austausch und Anregung unter
post@styriabooks.at

Inspiration, Geschenkideen und gute Geschichten findest du auf
www.styriabooks.at

styriabuchverlage

#DanceLikeNobodyIsWatching
#einfachmalmachen
#weitermachen

STYRIA BUCHVERLAGE

© 2024 by Kneipp Verlag Wien

in der Verlagsgruppe
Styria GmbH & Co KG

Wien – Graz

Alle Rechte vorbehalten.

ISBN 978-3-7088-0829-1

7 6 5 4 3 2 1

Printed in the EU

Autorin: Susanne Kluge-Paustian
Lektorat: Else Rieger
Korrektorat: Eva Neisser
Foto: Julia Knop
Fotoassistenz: Bjoern Gantert
Maske: Nicole Rosner
Gestaltung und Satz: Miriam Strobach
Projektleitung: Ilka Grunenberg

Alle Inhalte und Hinweise in diesem Buch wurden von der Autorin und vom Verlag nach bestem Wissen und größtmöglicher Sorgfalt erstellt und geprüft. Eine Garantie kann dennoch nicht übernommen werden. Eine Haftung der Autorin bzw. des Verlags und seiner Beauftragten für Personen-, Sach- und Vermögensschäden ist daher ausgeschlossen.

Sollte diese Publikation Links auf Webseiten Dritter enthalten, so übernehmen wir für deren Inhalte keine Haftung, da wir uns diese nicht zu